クイズで健康教育

健学社

もくじ

健康診断にまつわるクイズ
・わたしはだれでしょう？クイズ ④
・同じ絵柄を探せ！クイズ ⑤
・あわてんぼうの先生を助けて！ ⑥
・健康診断で待つときは…？ ⑦

目に関するクイズ
・目のことをもっと知ろう！ ⑧
・目に関係ある道具クイズ ⑨
・同じ視力表はどれかな？ ⑩
・どっちが大きい？その1・その2 ⑪
・これはだれの目？ ⑫
・目に関係ある言葉クイズ ⑬

耳に関するクイズ
・耳のことをもっと知ろう！ ⑭
・耳のはたらきのクイズ ⑮
・耳に関するウソ・ホントクイズ ⑯
・これはだれの耳？ ⑰

歯に関するクイズ
・歯みがきめいろクイズ ⑱
・あなたならどうする？ ⑲
・歯にいい食べ物クイズ ⑳
・ひみこのはがい〜ぜ！ ㉑
・かみかみランキング ㉒
・かみごたえクイズ ㉓
・歯の慣用句クイズ ㉔

骨に関するクイズ
・骨と関節の健康めいろ ㉕
・骨のひみつクイズ ㉖
・骨めいろクイズ ㉗

腎臓に関するクイズ
・腎臓に関するクイズ（初級・中級編） ㉘
・トイレの絵カード並べクイズ ㉚

保健室の使い方クイズ
・保健室にようこそ！ ㉛
・保健室に関係ある道具クイズ ㉜
・体の名前わかるかな？ ㉝
・体探しクイズ ㉞
・体のはたらきクイズ ㉟
・体温計に関するクイズ1・2 ㊱

けがの手当てクイズ
・けがの名前を当てよう！（初級・中級編） ㊳
・けがをしちゃった！どうしよう？ ㊵
・けがをしそうな人はだれ？（校庭編） ㊷
・けがをしそうな人はだれ？（校内編） ㊸
・応急処置めいろ（鼻血編・やけど編） ㊹
・救命処置の手順を知ろう！ ㊻

夏の健康クイズ
・夏に起こりやすい病気クイズ ㊼
・熱中症予防クイズ ㊽
・どっちが熱中症になりにくい？ ㊾
・熱中症穴埋めクイズ ㊿
・熱中症ウソ・ホントクイズ 51
・夏の健康クロスワード・しりとり 52

かぜ・インフルエンザ予防クイズ
・かぜ予防になるもの線つなぎ 53
・かぜ予防に関する仲間集め 54
・虫食いクイズ1・2 55
・クロスワードパズル（初級・上級編） 56
・しりとりグルグル（初級・上級編） 57
・おはなしめいろ（初級・上級編） 58
・かぜをひきそうだよ！クイズ 60
・わたしはだれでしょう？ 60
・冬を温かく過ごすめいろ 61

たばこクイズ
・たばこの害三択クイズ 62
・たばこを吸う人はだれでしょう？ 63
・クロスワードパズル（たばこ編） 64

エイズについてのクイズ
・暗号を解読しよう！ 66
・エイズを知ろう！3択クイズ 67

花粉症クイズ
・ストップ花粉！めいろ1 68
・ストップ花粉！めいろ2 69

食べ物に関するクイズ
・はしを使った言葉、どんな意味？ 70
・はしのマナー、どれくらい知っている？ 71
・バランスよく食べよう 72
・食べ物の名前探し（初級・上級編） 73

- わたしはだれでしょう？ ……… 74
- 大豆クイズ ……… 75

生活に関するクイズ

- 生活リズムの木 ……… 76
- かぜ予防の木 ……… 77
- 消費エネルギーランキング ……… 78
- 高カロリーランキング ……… 79
- 今日は何の日？クイズ ……… 80

「ことば」に関するクイズ

- あたたかい言葉探し ……… 81
- あいさつことばを考えよう ……… 82
- あたたかい言葉探しクイズ ……… 84
- ふわふわことばめいろ①・② ……… 84

パワーポイント教材

- P.4 わたしはだれでしょう？クイズ ……… 86
- P.9 目に関係ある道具クイズ ……… 87
- P.21 ひみこのはがい～ぜ！ ……… 87
- P.22 かみかみランキング！ ……… 88
- P.26-27 骨のひみつクイズ・骨めいろクイズ ……… 88
- P.38 けがの名前を当てよう！（初級編） ……… 89
- P.39 けがの名前を当てよう！（中級編） ……… 89
- P.40-41 けがをしちゃった！どうしよう？ ……… 90
- P.54 かぜ予防に関する仲間集め ……… 91
- P.76 生活リズムの木 ……… 91
- P.77 かぜ予防の木 ……… 91

こたえ

- P.4～P.85のこたえ ……… 92

付属のCD-ROMについて

付属のCD-ROMには、word、PDF、PowerPointの3種類の資料を収録しています。

★word は文字の調節が可能です。CD-ROMでは、ルビつき→「○○ルビあり」 ルビなし→「○○ルビなし」（※○○はページ数です）のように名前でわかるようにしています。

★PDF はそのまま印刷できるよう、本と同じルビつきのものを収録しています。

★PowerPoint は、すべてにアニメーション効果がついています。1回のクリックでどんな動きをするのか、ご使用前に必ずご確認ください。また、PowerPoint資料は、プリントアウトし、掲示物としてもご活用ください。

【ご使用にあたって】
　本書付属CD-ROM（以下、本製品）に収録された画像・写真データは、いわゆる"フリー素材"ではありません。その著作権は株式会社 健学社と各イラストレーターが有します。本製品のデータは、学校など教育機関等での使用等を念頭に購入された先生方等の利便性を図って提供するものです。ただし、下記の禁止事項に該当する行為は禁じます。悪質な違反が見受けられた場合、弊社は法的な対抗措置をとり、使用の差し止めを要求します。

【禁止事項】
・収録データの販売、頒布、別の資料データに複製、加工して配布したり、インターネット等を介して第三者が容易に複製できるような形で公開することも固くお断りいたします。
・公序良俗に反する目的での使用や、名誉毀損、その他の法律に反する使用はできません。
　なお地域や公共機関等で、収録された画像資料・写真を地域集会等での保健指導の配布資料や広報紙等に使用される場合は、事前に健学社までご連絡ください。公共の福祉に利する目的であるか、また会合等の規模やコピー配布数等により個別に使用許可を判断いたします。

【免責】
・弊社は、本製品についていかなる保証も行いません。本製品の製造上の物理的な欠陥については、良品との交換以外の要求には応じられません。
・本製品を使用した場合に発生したいかなる障害および事故等について弊社は一切責任を負いません。

【本製品の動作は以下の環境で確認しています】
OS：Windows7以降／Microsoft Power Point（.pptx）Office2010以降／Adobe Reader DC

　本製品の入ったCD-ROM袋を開封いたしますと、上記の内容を了解、承諾したものと判断いたします。

3

健康診断にまつわるクイズ

Q わたしはだれでしょう？クイズ

健康診断で使うものです。答えをA～Iの中から選んで□に記入してください。

問1：みんな、わたしをじっと見つめます。わたしの体には、黒い輪のような模様があらわれます。□

問2：みんな、わたしに背を向けます。だれもが気をつけの姿勢で立ってくれます。□

問3：わたしは大きな音は嫌いです。わたしの仕事は、みんなの体の中の音を聞き取ることです。□

問4：わたしが出す音を、みんな注意深く聞いてくれます。ヘッドホンが付いていますが、音楽は流しません。□

問5：みんなの口の中に入りますが、食べられません。わたしの仕事は歯の裏側をしっかり見ることです。□

問6：わたしの色は真っ黒です。みんなの目を片方ずつ隠します。□

問7：わたしの上に、みんなが立ちます。静かに乗ってくれないとちゃんと仕事ができません。□

問8：わたしは、はさみに似ていますが、何も切ることはできません。鼻の中を見るのが仕事です。□

問9：わたしには大きい穴と小さい穴があいています。三角帽子のものやラッパの形の仲間がいます。□

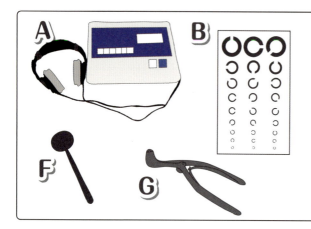
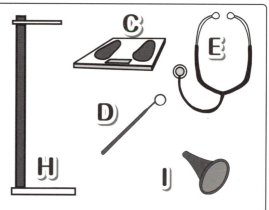

Q 同じ絵柄を探せ！クイズ

Aと同じ並び順の絵柄を探しましょう。いくつ見つけられるかな。

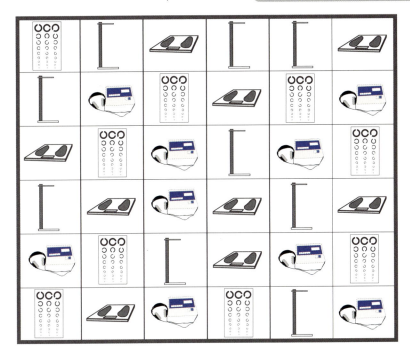

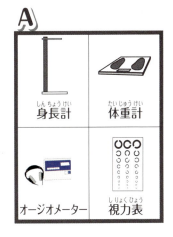

_____ 個

Bと同じ並び順の絵柄を探しましょう。いくつ見つけられるかな。

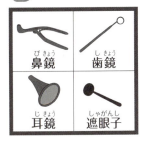

_____ 個

Q あわてんぼうの先生を助けて！

あわてんぼうの先生が、健康診断で使う道具を落としてしまいました。下の先生の話から、足りない道具を見つけてください。

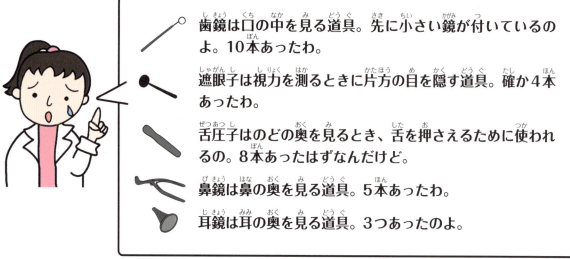

歯鏡は口の中を見る道具。先に小さい鏡が付いているのよ。10本あったわ。

遮眼子は視力を測るときに片方の目を隠す道具。確か4本あったわ。

舌圧子はのどの奥を見るとき、舌を押さえるために使われるの。8本あったはずなんだけど。

鼻鏡は鼻の奥を見る道具。5本あったわ。

耳鏡は耳の奥を見る道具。3つあったのよ。

足りない道具は

Q **健康診断で待つときは…？**

下の絵を見て、①～③のことについて、それぞれだれのことなのかを考えましょう。

A　B　C　D　E

①上の絵で、よくない行動をしている人は、A～Eのだれだと思いますか？

②このあと、どのようなことが起こると思いますか？

③健康診断を受けるとき、静かに待つのはどうしてでしょうか。

目に関するクイズ

Q 目のことをもっと知ろう！

次のうち、正しいものはどれでしょう。選択肢①〜③から選んで答えましょう。

問1：1年分の涙の量はどれくらい？

①牛乳パック（180ml）2本分くらい
②牛乳パック（180ml）5本分くらい
③牛乳パック（180ml）10本分くらい

問2：目玉の大きさはどれくらい？

①ビー玉くらい

②ピンポン玉くらい

③野球ボールくらい

問3：まばたきは1分間に何回くらいする？

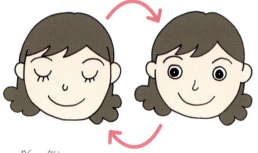

①約5回
②約20回
③約50回

問4：ドッジボールのボールが目に当たった！こんなとき、どうしたらいい？

①手でよくこする
②顔全体をあたためる
③冷たいタオルで冷やす

Q 目に関係ある道具クイズ

次のうち、正しいものはどれでしょう。選択肢ア〜ウから選んで答えましょう。

問1：視力検査のときに目を隠すものの正式名称は？

ア．黒しゃもじ
イ．遮眼子
ウ．スプーン

問2：視力検査のときに出てくるものは？

ア．C（シー）
イ．輪っか
ウ．ランドルト環

問3：歩道や駅のホームなどにある黄色いタイルの名前は？

ア．ぼこぼこブロック
イ．点字ブロック
ウ．レゴブロック

問4：歩道や駅のホームなどにある黄色いタイルの意味は？

ア．「止まれ」と「進め」
イ．「人がたくさんいる」と「横断歩道」
ウ．「安全」と「危険」

Q 同じ視力表はどれかな？

見本の視力表と同じ視力表をⒶ～Ⓓの中から選んで答えましょう。

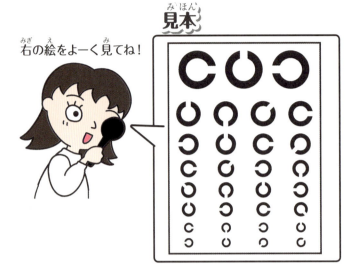

Q どっちが大きい? その1

おいしそうなりんごがあります。もし、大きいほうを食べたいとしたら、あなたはどちらのりんごを選びますか?

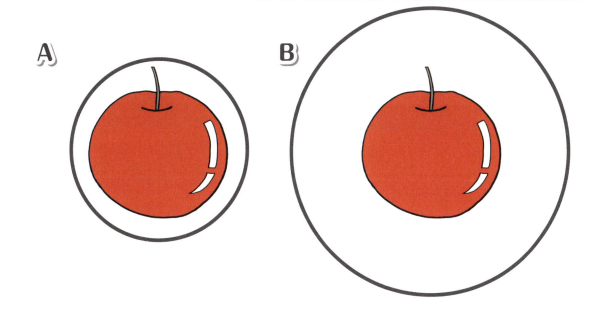

Q どっちが大きい? その2

おいしそうなバウムクーヘンがあります。もし、大きいほうを食べたいとしたら、あなたはどちらのバウムクーヘンを選びますか?

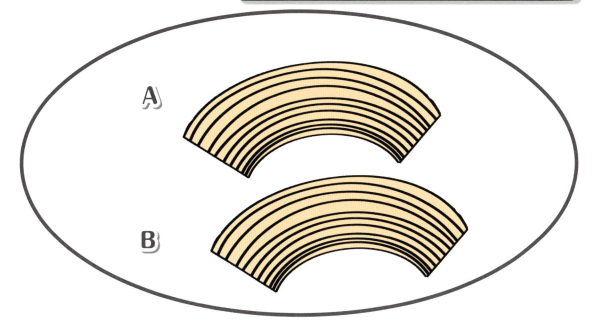

Q これはだれの目？

生き物の目には、それぞれ違った特徴があります。右と左を線でつなぎましょう。

1：のびたり、ちぢんだりするよ ●

ア ●
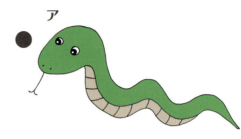

2：遠くまでよく見えるよ ●

イ ●

3：たくさんの目が集まっているよ ●

ウ ●

4：サーモグラフィーみたいに温度を感じるよ ●

エ ●
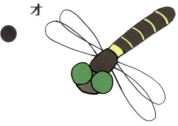

5：暗い所でよく見えるよ ●

オ ●

Q 目に関係ある言葉クイズ

目に関係のある言葉と説明している文章が合っているものを線でつなぎましょう。

ア．2階から目薬 　　　A．何かにつけて、にくらしく思うこと

イ．目からうろこが落ちる 　　　B．かたよった見方をすること

ウ．目くじらを立てる 　　　C．あるきっかけで、突然わからなかったことがわかるようになること

エ．色めがねで見る 　　　D．あまり効果がないというたとえ

オ．目の中に入れても痛くない 　　　E．ほんのわずかな失敗を見つけ出して、怒ったり文句を言うこと

カ．目の敵にする 　　　F．とてもかわいがること

耳に関するクイズ

Q 耳のことをもっと知ろう！

次のうち、正しいものはA、Bのどちらでしょう。どちらか選んで答えましょう。

問1：音が伝わる速さが速いのはどっち？

A. 水の中

B. 空気中

問2：グルグルまわったあと、目の前がフラフラするのはなぜ？

A. 脳みそがゆれるから
B. 耳の中の液体がまわるから

問3：音がよく聞こえるのはどっち？

A. 耳の後ろに手を当てる

B. 耳の前に手を当てる

問4：みんなが聞いている自分の声は、自分が思っているより高い？低い？

A. 自分が思っているより高い
B. 自分が思っているより低い

Q 耳のはたらきのクイズ

次のうち、正しいものはア、イのどちらでしょう。どちらか選んで答えましょう。

問1：耳のはたらきで、正しいものはどちらでしょう。

ア．音を出す

イ．傾きを感じる

問2：耳が2つある理由はどちらでしょう。

ア．音のする方向を知る

イ．低い音と高い音を感じる

問3：日本人の耳あかで多いタイプはどちらでしょう。

ア．かさかさタイプ

イ．しっとりタイプ

問4：鼓膜の厚さはどれくらいでしょう。

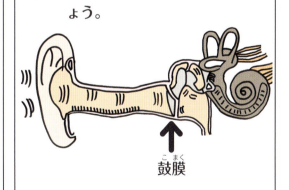

鼓膜

ア．1ミリメートル

イ．0.1ミリメートル

Q 耳に関する ウソ・ホントクイズ

次の9個の問題は、耳についての説明です。ホントかウソか考えてみましょう。

問1：トンネルなどに入ると耳がツーンとするけれど、そんなときは歌を歌えばよくなる。
ウソ・ホント

問2：耳は音を聞くだけでなく、バランスを取るはたらきもしている。
ウソ・ホント

問3：熱いものに触ったとき、耳たぶに触るのは、耳たぶが体の中でも体温が低いからである。
ウソ・ホント

問4：中耳は耳管という細い管で、のどの奥とつながっている。
ウソ・ホント

問5：高い山に登ったりすると耳がツーンとするのは、鼓膜が外側に押されるからである。
ウソ・ホント

問6：日本人の耳あかは、かわいている人が多い。
ウソ・ホント

問7：耳たぶには、音をゆがめないで鼓膜に伝えるはたらきがある。
ウソ・ホント

問8：耳が2つあるのは、音のする方向を知るためである。
ウソ・ホント

問9：たまに騒音を聞くことは、耳にとってはよいことである。
ウソ・ホント

耳のはたらき、いくつ知っていたかな？

Q これはだれの耳？

生き物の耳には、それぞれ違った特徴があります。右と左を線でつなぎましょう。

1：うちわになる耳を持っているよ

ア

2：ニセモノの耳を持っているよ

イ

3：なが〜い耳を持っているよ

ウ

4：水の中でも平気な耳を持っているよ

エ

5：ふさがっているけど、聞こえる耳を持っているよ

オ

歯に関するクイズ

Q 歯みがき めいろクイズ

スタートからゴールまで、めいろを通りましょう。同じ道や同じ曲がり角は、一度しか通れません。「…あさ→ひる→よる→あさ…」の順に通ってください。スタートは「あさ」「ひる」「よる」のどれでもオーケーです。1回みがくと歯ブラシを1本ゲットできます。ゴールまでに、歯ブラシを何本ゲットできるかな？

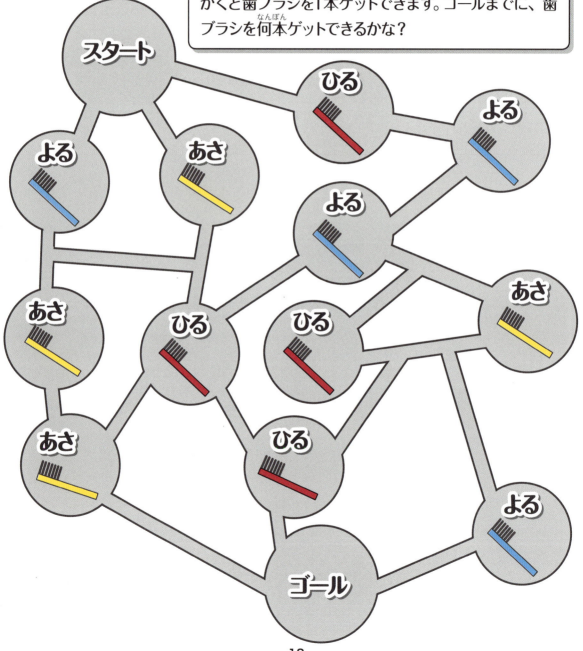

Q あなたならどうする？

下の絵は歯みがきをしている様子です。4人とも正しい歯みがきまで、あと一歩。あなたが歯みがき名人だったら、どんなアドバイスをしますか？考えてみましょう。

Aさん　Bさん　Cさん　Dさん

Aさんへのアドバイス	Bさんへのアドバイス	Cさんへのアドバイス	Dさんへのアドバイス
ヒント：どこを見ているかな？	ヒント：歯みがき剤の様子はどう？	ヒント：歯ブラシの様子はどう？	ヒント：みがき方の様子はどう？

Q ひみこのはがい〜ぜ！

よくかむと体にいいことの頭文字を取って、「ひみこのはがい〜ぜ」と表現しています。それぞれどんな意味か考えましょう。

ひ

み

こ

の

は

が

い

ぜ

ヒント
ひ：脳が満腹を感じるよ！
み：だ液がたくさん出るよ！
こ：口の周りの筋肉が発達！
の：脳に刺激がいくよ！
は：もちろん、ここにも有効！
が：いま、日本人の3人に2人がかかる病気です。
い：消化を助けるのでここが元気に！
ぜ：出せる力が増えるよ！

Q かみかみランキング

次の食べ物で、ひと口（10グラム）のかむ回数が多いと思う順にランキングをつけましょう。

A.ご飯

B.カレーライス

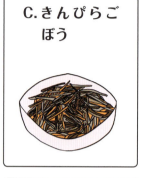
C.きんぴらごぼう

D.スパゲティ

E.りんご（皮つき）

F.いわしの丸干し

G.そば

H.刻みキャベツ

よくかむことで、体にいいことがたくさん起こります！

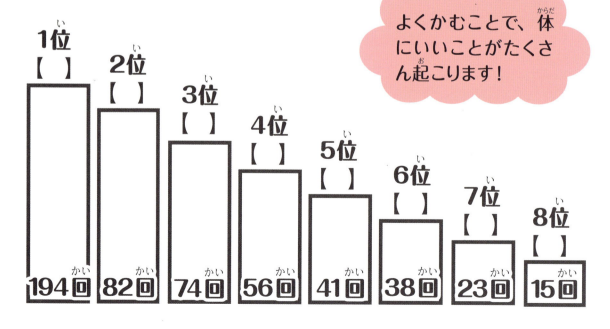

1位【　】194回
2位【　】82回
3位【　】74回
4位【　】56回
5位【　】41回
6位【　】38回
7位【　】23回
8位【　】15回

Q かみごたえクイズ

次のア〜ウの食べ物をかむ回数が多い順に並べましょう。

問1

ア．いそべもち
イ．そば
ウ．ごはん

→　　→

問2

ア．ハンバーグ
イ．あじの開き
ウ．マーボー豆腐

→　　→

問3

ア．ほうれん草のおひたし
イ．きんぴらごぼう
ウ．きのこソテー

→　　→

問4

ア．バナナ
イ．りんご
ウ．いちご

→　　→

Q 歯の慣用句クイズ

左にあるのは歯に関する慣用句です。説明している文章が合うように線でつなぎましょう。

1：歯が浮く ●　　● A：恐れたり遠慮したりせず、どしどし言うこと

2：歯が立たない ● 　　● B：わざとらしさが見え透いて、嫌な気持ちになること

3：歯に衣着せぬ ● 　　● C：思っていることをはっきり言わない、言いたいことをぼかすこと

4：歯の根が合わない ● 　　● D：相手が強くてかなわないこと

5：奥歯に物が挟まる ● 　　● E：寒さや恐ろしさのために震える様子

骨に関するクイズ

Q 骨と関節の健康めいろ

骨や関節を強くする食べ物を取りながら、ゴールまでたどり着きましょう。

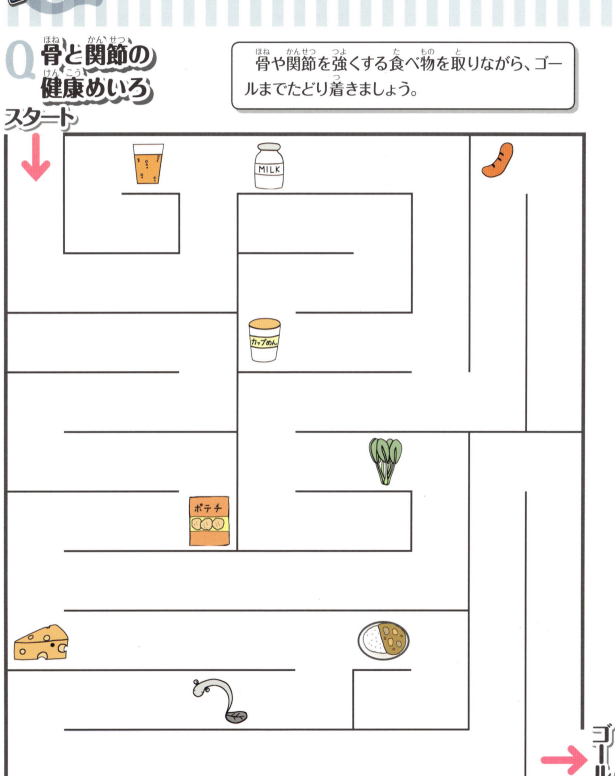

25

Q 骨のひみつクイズ

次のうち、正しいものはどれでしょう。選択肢A、Bのどっちかを選んで答えましょう。

問1：骨の数が多いのはどっち？
A.大人　　B.赤ちゃん

問2：背が高いのはどっち？
A.朝　　B.夕方

問3：骨がかたいのはどっち？
A.頭蓋骨　　B.歯

問4：一番小さい骨があるのはどっち？
A.耳　　B.指

問5：一番長い骨はどっち？
A.背骨　　B.ももの骨

Q 骨めいろクイズ

がいこつの骨に沿って文を読んでいきましょう。いくつ文が見つかるかな？

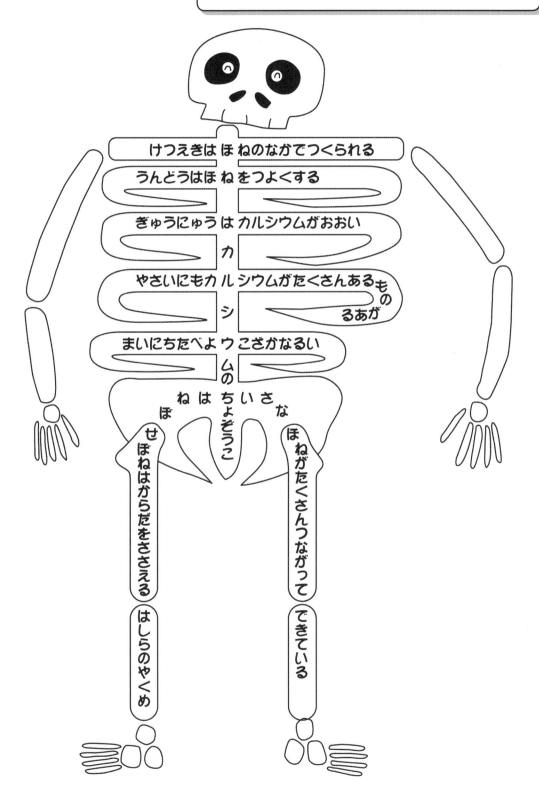

腎臓に関するクイズ

Q 腎臓に関するクイズ（初級編）

次のうち、正しいものはどれでしょう。①、②のどちらかを選んで答えましょう。

問1：腎臓検診（尿検査）に提出する「おしっこ」は、いつ採るの？

①朝、目が覚めたらすぐ

②夜、お風呂から出た後

問2：「おしっこ」が作られるところはどこ？

①大腸

②腎臓

問3：「おしっこ」の検査をするだけでわかる病気もある？

①ある

②ない

問4：「おしっこ」をがまんすると、病気になりやすい？

①なりやすい

②変わらない

問5：魚は「おしっこ」をするってホント？

①ホント

②ウソ

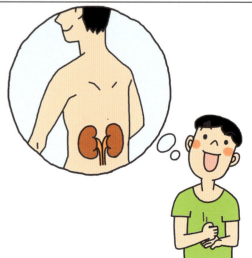

Q 腎臓に関するクイズ（中級編）

次のうち、正しいものはどれでしょう。①、②のどちらかを選んで答えましょう。

問1：「おしっこ」は95パーセントが水分だってホント？

①ホント　　②ウソ

問2：腎臓は何個ある？

①1個　　②2個

問3：腎臓の重さは何グラムくらい？

①100グラム（卵2個分）
②50グラム（卵1個分）

問4：腎臓は、ある豆の形に似ています。どちらの豆でしょう？

①えだ豆　　②そら豆

問5：腎臓は、体の何をきれいにするの？

①血液　　②胃腸

問6：おしっこは1日大人でどのくらい出るの？

①1400ミリリットル
②3000ミリリットル

問7：熱が高いときに出るおしっこは、どんな色になる？

①透き通った黄色
②こい黄色

問8：健康な人のおしっこは、どんな色になる？

①透き通った黄色
②こい黄色

問9：みかんをたくさん食べると、どんな色のおしっこが出る？

①透き通った黄色
②オレンジ色

問10：同じ量の水分をとったとき、冬と夏ではおしっこの量は変わる？

①変わらない　　②変わる

Q トイレの絵カード並べクイズ

トイレに行くときにする順番を考えて、下の5枚の絵カードを並べましょう。

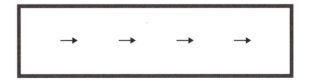

保健室の使い方クイズ

Q 保健室にようこそ！

めいろには保健室の使い方のアドバイスが書かれています。文字をたどって、読んでみましょう。

スタート → ゴール

たどった文字：
ほけんしつにくるときはせんせいにいってね。てあてをうけるときはほかのひとのめいわくにならないようにしましょう。

Q 保健室に関係ある道具クイズ

下の絵に文字が隠されています。ぬり分けて、文字を探しましょう。○はひらがな、□はカタカナが入ります。

問1：○○たい

ヒント
白くて長い、けがをしたところに巻くものの名前を探そう！

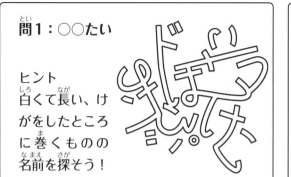

問2：○○○ん○い

ヒント
体温を測る道具の名前を探そう！

問3：□ッ□

ヒント
具合が悪いときに休む場所の名前を探そう！

問4：○っ○

ヒント
痛めたところをひんやり冷やす薬の名前を探そう！

問5：た○○

ヒント
けが人や病人を運ぶ道具の名前を探そう！

問6：○○○ゅうけい

ヒント
体の重さをはかる器具の名前を探そう！

問7：□ファ□ッド

ヒント
背もたれを倒すとベッドに早変わりするものの名前を探そう！

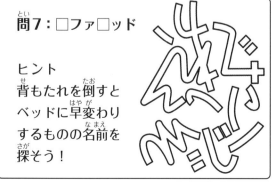

問8：○い○うこ

ヒント
ものを冷たく冷やしておく道具を探そう！

Q 体の名前わかるかな?

体の部分（①〜⑯）と名前（ア〜タ）を組み合わせてみましょう。

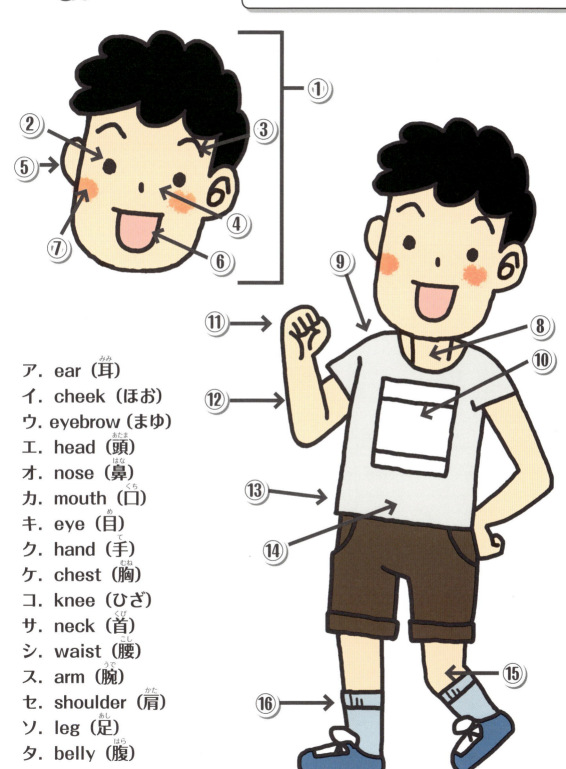

ア．ear（耳）
イ．cheek（ほお）
ウ．eyebrow（まゆ）
エ．head（頭）
オ．nose（鼻）
カ．mouth（口）
キ．eye（目）
ク．hand（手）
ケ．chest（胸）
コ．knee（ひざ）
サ．neck（首）
シ．waist（腰）
ス．arm（腕）
セ．shoulder（肩）
ソ．leg（足）
タ．belly（腹）

Q 体探しクイズ

ます目の中には体の部分の名前が隠れています。ヒントを参考にして、見つけましょう。

初級：上または左から文字を読んで、体の部分を見つけましょう。

あ	し	め
た	り	ひ
ま	つ	げ

ヒント
答えの文字数
（ひらがな）
□
□□
□□
□□
□□□
□□□

中級：↓→↑←どの方向から読んでもいいです。体の部分を見つけましょう。

ひ	じ	び	く
ざ	か	て	る
み	み	た	ぶ
せ	な	か	し

ヒント
答えの数
9

上級：同じ文字を何度使ってもいいので、たくさん見つけましょう。

つ	ち	ふ	ま	ず
こ	ろ	く	ぶ	い
つ	べ	ら	た	か
ろ	な	は	つ	か
か	み	ぎ	め	と

超級：同じ文字を何度使ってもいいので、たくさん見つけましょう。

げ	つ	ま	ゆ	て
ひ	め	か	ど	の
ご	が	み	と	ひ
あ	し	の	う	ら
は	ら	け	あ	な

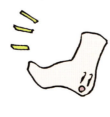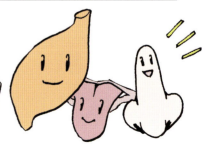

Q 体のはたらきクイズ

次の文は体のどの部分のことを説明しているのでしょうか？下のA～Kの中から選びましょう。

1：わたしは胸の中央のくぼんだところです。飲んだ水が落ちる場所という意味です。□

2：わたしは目尻と耳の上の間にいます。もの（米）をかむと動くことからこの名前になりました。□

3：わたしは足首の関節の内側と外側の両方に突き出ている骨です。□

4：わたしは首の後ろの部分です。「うな」は首や首の後ろのことを表す言葉です。□

5：わたしはふくらはぎの筋肉とかかとの骨をつないでいます。ギリシャ神話の英雄の名前がついています。□

6：わたしはどろどろに溶けた食べ物から、体に必要な栄養を吸い取る役目をしています。□

7：わたしは口から入ってきた食べ物をどろどろに溶かして分解する役目をしています。□

8：わたしは養分を取った後の食べ物の残りかすの水分を吸い取る役目をしています。□

9：わたしは血液を体中に送り出す役目をしています。□

10：わたしは吸い込んだ空気から酸素を取り込み、血液中の二酸化炭素と交換しています。□

11：わたしは血液中の栄養の量を調節したり、体内に入った毒素を消したりしています。□

A. うなじ
B. こめかみ
C. みぞおち
D. アキレス腱
E. くるぶし
F. 心臓
G. 肺
H. 胃
I. 小腸
J. 大腸
K. 肝臓

Q 体温計に関するクイズ1

体温計に関する問題です。それぞれ正しいものを選びましょう。

問1： 世界で初めて体温計が作られた場所は「イタリア」です。さて、それは約何年前のことでしょうか？

　　　　①約200年前　　　②約400年前　　　③約800年前

問2： 体温計には、いろいろな種類があります。
次のうち、実際に「ない」ものはどれでしょう？

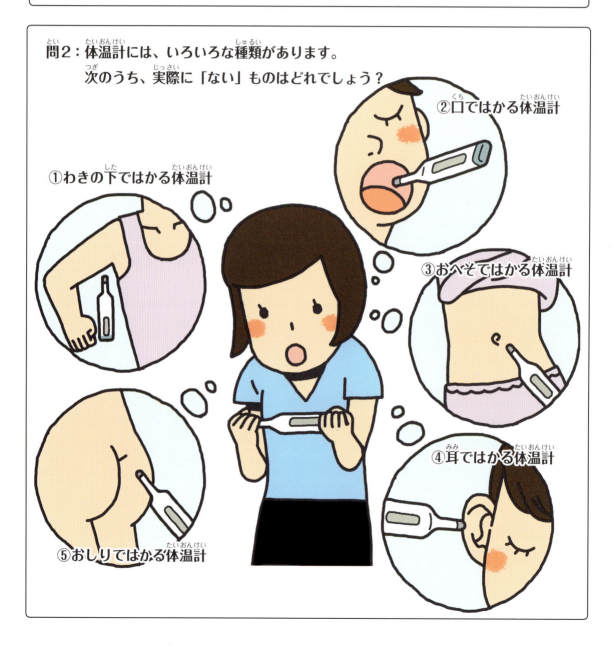

①わきの下ではかる体温計
②口ではかる体温計
③おへそではかる体温計
④耳ではかる体温計
⑤おしりではかる体温計

Q 体温計に関するクイズ2

体温・体温計に関する問題です。それぞれ正しいものを選びましょう。

問1:「平熱」は、健康なときの体温のことです。平熱が高いのは、どちらでしょう？

①人間

②動物（いぬ・ねこ・うさぎ）

問2:平熱が高いのは、どちらでしょう？

①お年寄り

②子ども

問3:体温計（わきの下ではかるもの）の使い方で正しい向きは、どれでしょう？

①あくしゅ型
（ななめ下の形）

②前へならえ型
（真横の形）

③ばんざい型
（ななめ上の形）

けがの手当てクイズ

Q けがの名前を当てよう！(初級編)

左にあるけがの様子と合うけがの名前を、右側から選んで線でつなぎましょう。

けがの様子　　　　　　　　　　　　**けがの名前**

転んですりむいた

●　　　　●　だぼく

ボールが顔に当たった

●　　　　●　さし傷

カッターで指を切った

●　　　　●　すり傷

名札の針が指にささった

●　　　　●　切り傷

Q けがの名前を当てよう！（中級編）

左にあるけがの様子と合うけがの名前を、右側から選んで線でつなぎましょう。

けがの様子 　　　　　　　　けがの名前

給食当番をしていたとき、スープがこぼれて足にかかった

● 　　●　だぼく

ボールを取りそこねて、指にボールが当たった

● 　　●　切り傷

体育の授業中、よそ見をしていて、ポートボール台にすねをぶつけた

● 　　●　突き指

鬼ごっこをしていて転び、足首をひねった

● 　　●　やけど

プリントを集めていたら、紙で指を切った

● 　　●　ねんざ

Q けがをしちゃった！どうしよう？

①〜⑦のけがの応急手当で正しいのはア、イのどちらでしょう？

けがの様子

応急手当

①転んですりむいた

ア　水で洗う

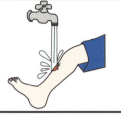

イ　呪文をとなえる

②カッターで指を切った

ア　だじゃれで、痛さをまぎらわす

イ　せいけつなハンカチで傷口を押さえ、心臓より高くする

③ボールで突き指をした

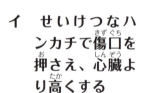

ア　冷やす

イ　引っぱる

けがの様子　　応急手当

④ 鼻血が出た

ア　鼻血が下にたれないように上を向く

イ　鼻を押さえ、下を向く

⑤ 頭をぶつけた

ア　冷やして、安静にする

イ　大さわぎをして走り回る

⑥ 足首をひねった

ア　冷やして固定し、安静にする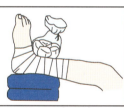

イ　ぐるぐる回してみる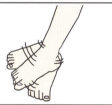

⑦ やけどをした

ア　なめる

イ　冷やす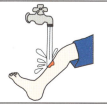

Q けがをしそうな人はだれ？（校庭編）

下の絵は校庭で遊んでいる様子です。絵の中にある危ない場面を見つけましょう。

ヒント

校庭で遊ぶとき、体の調子が悪かったり、ルールを守らなかったり、周りの様子を考えなかったり、心が落ち着いていなかったりすると、けがをしやすくなります。

Q けがをしそうな人はだれ？（校内編）

下の絵は校内の様子です。絵の中にある危ない場面を見つけましょう。

ヒント
校内にも危ない場面はたくさんあります。自分がけがをするだけでなく、周りの人にもけがをさせてしまうことがあります。

保健室に来たら

保健室に来たら、①いつ ②どこで ③何をしていてけがをしたのか ④どこが痛いのかなど、けがをしたときの様子をはっきり伝えてください。

けがをした人が、よく覚えていないときや、話せないようなときは、周りの人が保健室に付き添って、代わりに伝えてあげましょう。

けがをしている人を見かけたら、「だいじょうぶ？」と声をかけてあげましょう。

Q 応急処置めいろ（鼻血編）

鼻血が出たときの応急処置はどうすればよいでしょう。スタートからゴールまで進みましょう。

Q 応急処置めいろ（やけど編）

やけどをしたときの応急処置はどうすればよいでしょう。スタートからゴールまで進みましょう。

↓スタート

や	に	は	て	い	お	ん	や	け	ど	も	あ	い	う
け	ど	を	し	な	い	た	め	に	は	。	り	す	ゆ
つ	い	な	た	い	つ	き	せ	は	あ	よ	ま	る	ち
ぱ	で	ら	ら	は	ん	し	や	の	つ	す	す	こ	に
ち	に	な	と	に	る	よ	に	う	い	で	ね	と	う
す	や	ひ	く	か	も	の	。	ま	も	つ	。	が	よ
。	て	を	ひ	つ	こ	め	て	し	の	せ	い	た	い
と	ず	わ	も	お	と	る	わ	さ	に	さ	わ	ら	な
て	も	だ	い	じ	。	ひ	り	ひ	り	し	て	い	る
て	き	で	が	れ	の	な	か	み	く	な	つ	は	あ
も	め	だ	は	く	れ	き	え	は	な	い	ら	だ	い
つ	ぶ	し	て	ぶ	い	せ	つ	け	る	ま	で	し	つ
ぶ	さ	な	い	ず	ぶ	ん	の	け	つ	し	よ	う	か
ね	に	う	よ	み	。	う	よ	し	ま	し	や	ひ	り

↓ゴール

Q 救命処置の手順を知ろう！

ア～オの5枚の絵カードを並べ替えて、救命処置の手順を完成させましょう。

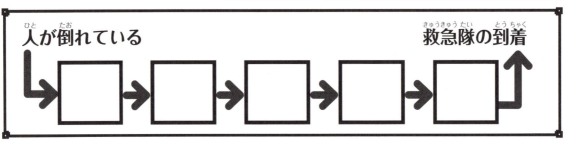

人が倒れている → □ → □ → □ → □ → □ → 救急隊の到着

ア　心肺蘇生をする（人工呼吸・胸骨圧迫）

イ　助けを呼ぶ（AEDの手配と119番通報を頼む）

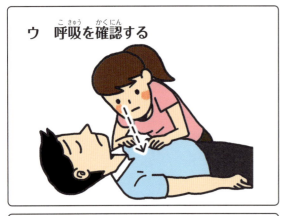

ウ　呼吸を確認する

エ　AEDを使う（音声の指示にしたがう）

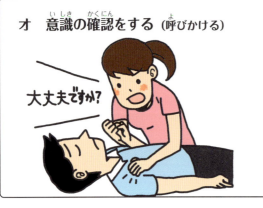

オ　意識の確認をする（呼びかける）

ヒント①
ア・ウ・エは、救急車が来るまでくり返して続けます。

ヒント②
AEDはAutomated External Defibrillatorの頭文字で、「自動体外式除細動器」といいます。リズムがくるって止まりかけた心臓の動きを元に戻して命を助ける機器です。

夏の健康クイズ

Q 夏に起こりやすい病気クイズ

夏に起こりやすい病気A〜Dと、その予防法①〜④を線でつなぎましょう。

病気

- A 熱中症
- B 日焼け
- C 寝冷え
- D 食中毒

予防法

① クーラー、腹巻き、パジャマ

② 水分補給 休養

③ トイレの後と食事の前の手洗い

④ 帽子、長袖、日陰

Q 熱中症予防クイズ

熱中症予防に大切なものをたくさん入れて、図を作りました。図Aと図Bを見比べて、異なっている箇所を見つけましょう。

熱中症予防に大切なもの

帽子をかぶる　朝ご飯をとる　こまめな水分補給　気温や湿度を知る

図A

図B

熱中症を防ぐためには
①暑さをさける。
②こまめに水分を補給する。
③朝ご飯をしっかり食べる。
④出掛けるときは、帽子をかぶる。
⑤夜、睡眠をしっかり取る。

Q どっちが熱中症になりにくい？

暑い日、熱中症になりにくいのはAとBのどっちでしょう。

① A. 長いジーパン　B. 半ズボン

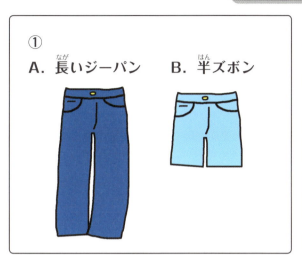

② A. 白っぽいTシャツ　B. 黒っぽいTシャツ

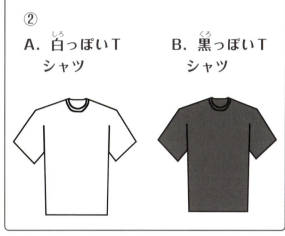

③ A. 汗を吸ってすぐかわく服　B. 汗を吸わないかわきにくい服

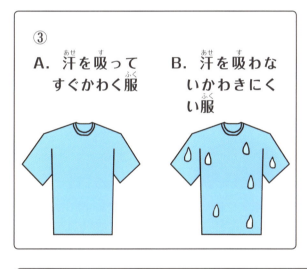

④ A. 水分補給にジュースを飲む　B. 水分補給にむぎ茶を飲む

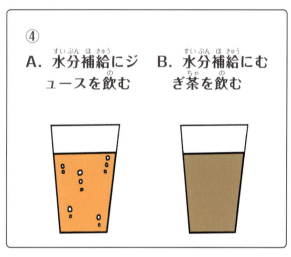

⑤ A. いつも運動をしている子　B. 暑いので家でテレビを見ている子

Q 熱中症穴埋めクイズ

次の①〜⑤は、夏を健康に過ごすためのポイントです。□に当てはまる文字（ひらがな）を考え、5つの文字を組み合わせて、一番下の文章を完成させましょう。

①急に気温が高くなった日は、とくに□ゅういしなきゃ。

②夏の□んどうは、時間帯に気をつけてね。

③暑いときは、□めたいタオルで体を冷やすといいよ。

④夜ふかしして□ぶそくにならないようにしないとね。

⑤こまめな水分のほき□うも忘れずに！

夏は、□□□□□しょうに気をつけよう！

Q 熱中症ウソ・ホントクイズ

次は、夏の健康に関する文章です。ホントかウソか考えてみましょう。

問1：家の中でも熱中症にかかることがある。
ウソ・ホント

問2：運動部活動で、熱中症の発生が多いのは野球部である。
ウソ・ホント

問3：太っている人よりも、やせている人のほうが熱中症にかかりやすい。
ウソ・ホント

問4：水分は、一度にたくさんとるよりも、こまめにとったほうがよい。
ウソ・ホント

問5：夏は、熱中症予防のために、スポーツドリンクをたくさん飲んだほうがよい。
ウソ・ホント

問6：急に日焼けをすると、やけどのようになることがある。
ウソ・ホント

問7：エアコンは、扇風機と併せて使うと節電になる。
ウソ・ホント

問8：冷たい飲み物や冷たい食べ物ばかり食べていると夏ばてになりやすい。
ウソ・ホント

問9：ゴーヤ、トマト、なす、きゅうり、オクラなど夏が旬の野菜は「夏野菜」といわれている。
ウソ・ホント

問10：なすやきゅうりなどは、体を温めるはたらきがある。
ウソ・ホント

Q 夏の健康クロスワード

下のカギを参考に、わくの中に文字（ひらがな）を入れて言葉を作りましょう。

たてのカギ

①夏のお出かけには、ぼうしを○○ろう。
②早ねをして、これをたっぷりとろう。
③夜おそくまで起きていること。体によくない。
④この色の服は、一番暑く感じる。
⑤夏が旬の長細い野菜。若い茎を食べる。白いものはホワイト○○○○○○という。
⑩毎日新しいニュースが書かれたもので、家に届いたり、コンビニなどでも売っている。
⑪夏が旬のくだもの。むらさきや緑色のものがある。ジュースやワインの原料にもなる。
⑫夏が旬の野菜で、切り口が星形に見える。ネバネバがある。

よこのカギ

①避暑などのため、海に泳ぎにいくこと。
⑤人を刺す昆虫。ちくっとした痛みがあり、はれることがある。
⑥汗をかいたらお○○でさっぱりしよう。
⑦プールが始まる前に取っておこう。ひどくなると、耳鼻科医院で治療が必要になる。
⑧主食の一つ。
⑨4×4＝16　かけ算の九九で言うと…。
⑬小学生が放課後行って遊びや学習をするところ。児童クラブ、学童保育ともいう。

Q 夏の健康しり取り

夏の健康に関する言葉を考えて、しり取りをつくりましょう。

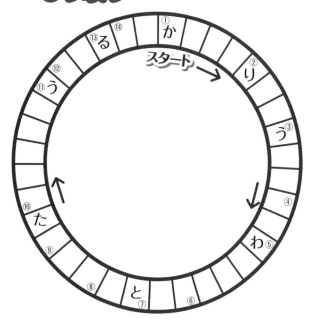

ヒント

①氷でできた食べ物。
②泊まりがけで出かけること。
③体を動かすこと。
④空気を入れてふくらますもの。海やプールに持っていこう。
⑤始業式には、これがないか確かめよう。
⑥宿題をするときは、教科書とこれが必要。
⑦目玉が大きくて羽がある昆虫。
⑧晴れている日はこれをかぶろう。
⑨着ると汗を吸ってくれる。暑くても着よう。
⑩白くておいしい飲み物。
⑪遠足のバスの中では、楽しく○○を歌おう。
⑫汗をかいたら、これでふこう。
⑬家の人がいないときは、○○番しよう。
⑭夏においしいくだもの。

かぜ・インフルエンザ予防クイズ

Q かぜ予防になるもの線つなぎ

かぜ・インフルエンザ予防になるものを選び、同じものを線と線が交わらないようにつなぎましょう。予防に関係のない物もあります。それはどれでしょう。

Q かぜ予防に関する仲間集め

A～Cそれぞれについて、①～④の中から同じ仲間を集めましょう。

A　かぜやインフルエンザウイルスにかかりにくい環境はどれでしょう？

①こまめに換気している　　②そうじをしている　　③加湿をしている　　④人がたくさんいる

B　かぜやインフルエンザの予防になるのはどれでしょう？

①夜ふかしをする　　②好き嫌いなく食べる　　③よく外遊びをする　　④うがい、手洗いをする

C　かぜの予防によい食べ物はどれでしょう？

①みかん　　②ブロッコリー　　③かぼちゃ　　④ポテトチップス

Q 虫食いクイズ1

ビタミンA、Cなどを含み、かぜ予防にもよい、冬においしい野菜が虫食いされていました。どんな文字が入るのでしょうか。その文字を使って、下の文章を完成させましょう。

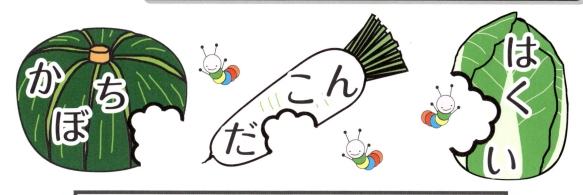

○○○をたくさん食べよう！

Q 虫食いクイズ2

かぜ予防に大切なことが虫食いされてしまいました。どんな文字が入るのでしょうか。その文字を使って、下の文章を完成させましょう。

① ○ームより外遊びをして体をきたえよう。

② 手を洗うときは、せっけ○をつけて、ていねいに洗おう。

③ 1時間に1回は、部屋のくう○を入れ替えよう。

④ ○いみんをしっかりとって、体を休めよう。

⑤ みかんやりん○などのくだものをたくさん食べよう。

⑥ ふく○うの調節をこまめにしよう。

⑦ 外から帰ってきたら、○がい・手洗いを忘れずにしよう。

かぜ予防をして、○○○に○○○○！

Q クロスワードパズル（初級・上級編）

下のカギを参考に、わくの中に文字（ひらがな）を入れて言葉を作りましょう。点線のわくの中の文字を並べて文章を完成させましょう。

初級編

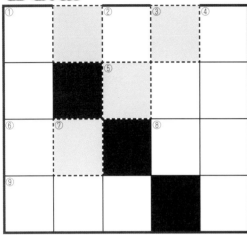

かぜの予防には、好き嫌いしないで、バランスよく○○○○をとりましょう！

たてのカギ
①メニューのこと。給食の○○○○。
②かしこい考え。○○を出し合う。
③前もって知らせること。天気○○○。
④家庭科で習う手ぬいの基本、針の運び方。
⑦腰をかけるもの

よこのカギ
①学校のお父さん（お母さん）で責任の重い人。
⑤絵が主な子ども用の本。図書室の分類には「E」がついている。
⑥物をのせるもの。朝礼○○、ポートボール○○。
⑧むし歯のこと。または、牛乳を出す動物のこと。
⑨試験のこと。

上級編

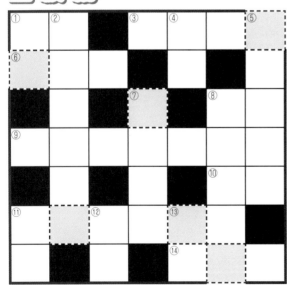

かぜの予防には、「○○○と○○○」が重要です！

たてのカギ
①へび年の次の干支は？
②保健室で熱を測るときに使うもの。
④将来の○○。
⑤健康診断でお世話になる「学校のお医者さん」。
⑦休み時間には校庭で○○○○しましょう。
⑧教え育てること。学校○○○○。
⑪校庭の遊び場。幅跳びの着地するところ。
⑫もくようび、きんようび、○○うび…。
⑬書道の時間。筆と○○。

よこのカギ
①言葉に節をつけて口にする。校歌を○○おう。
③おめでたいことを祝うこと。記念式典と○○○○会。
⑥遠くまで聞こえるように○○○を使う。
⑧植物が呼吸したり、水分を出したりする小さい穴。「○○う」という。
⑨インフルエンザやノロウイルスなど、うつる病気。
⑩インフルエンザ○○ルス。
⑪すりきずをしたら、まずこれで洗いましょう。
⑭とても小さいこと。マイクロともいう。

Q しり取りグルグル（初級・上級編）

数字のあるところがしり取りになります。ヒントを参考にして、空らんにひらがなを入れて完成させましょう。

初級編

ヒント
① 月曜日、火曜日、○○○日。
② 夏を代表するくだもの。
③ 背中にかたい甲羅のある生き物。ウサギと○○。
④ 小川や水路などにいる小さな魚。童謡「○○○の学校」。
⑤ うでと体をつなぐところ。○○こり、○○たたき。
⑥ お日さまのこと。
⑦ 校庭や公園にあるもの。
⑧ 水をくんだり、運んだりする入れ物。
⑨ 釣り針に魚をかけてとること。
⑩ 国語、算数、○○、社会
⑪ 深く感じて心が動かされること。
⑫ 書道の道具。すみとふでと○○○。

上級編

ヒント
① いすに座ったときの高さのこと。
② リレーやつな引きなどがある体育行事。
③ 体長5～6センチで大きなはさみを持つ。エビの一種。
④ 4月にある、新入生の初めての行事。
⑤ 学校で勉強するための本。
⑥ 計画や企画など前もって決めてあること。○○○表。
⑦ 腰をかけるための家具。
⑧ 浄水場から蛇口まで水を届ける管。
⑨ 太陽や地球などの天体を全て含む、果てしない空間。○○○○ロケット。
⑩ 干支にもなっている動物。牛乳を出す種類もいる。
⑪ 国語、算数、理科、○○○○
⑫ 座るとき、おしりの下にしくふとん。

Q おはなしめいろ（初級編）

スタートからゴールまで進みましょう。かぜをひいたときの正しい過ごし方を選んでいくとゴールにたどり着けます。間違ったところを選ぶと行き止まりになります。

スタート↓

ぞ	る	す	う	ど	ら	た	い	ひ	を	ぜ	か
く	か	た	な	ん	う	も	か	や	つ	た	ぜ
し	り	た	い	な	れ	し	る	ち	い	ひ	を
て	く	あ	て	つ	と	を	な	ら	た	い	ひ
ゆ	じ	た	こ	ろ	り	う	に	ま	ず	は	い
つ	さ	た	こ	で	そ	よ	き	す	く	じ	た
く	が	た	か	い	こ	い	ん	ま	を	め	ら
り	す	か	し	と	ね	え	げ	す	し	に	せ
や	す	ま	つ	も	る	う	よ	し	ま	は	き
ま	す	す	う	だ	！	る	わ	ま	り	し	や
す	！	す	ら	ち	き	ま	を	み	や	し	く

ゴール

Q おはなしめいろ（上級編）

かぜについての説明を選んで、スタートからゴールまで進みましょう。

スタート↓

う	は	ん	い	ん	げ	の	ぜ	か	ぜ	る	え	ん	ざ	の	ち	が
い	。	す	で	し	か	お	な	い	と	ふ	。	う	が	ち	が	い
る	お	だ	わ	ら	で	ゆ	う	め	い	ん	く	は	ち	の	い	を
す	や	や	ご	な	は	う	ろ	い	る	ふ	る	え	ん	ざ	を	し
や	さ	い	き	ん	で	す	。	う	す	に	。	だ	も	と	お	り
た	し	ま	し	を	い	も	お	い	に	は	た	ち	ま	す	。	た
。	り	あ	。	た	れ	だ	う	ら	ま	た	し	が	り	ぜ	か	い
す	ま	が	あ	る	び	け	よ	つ	け	く	ま	し	あ	が	ぜ	と
。	そ	ら	。	の	た	ど	つ	い	な	さ	い	ら	が	ふ	の	お
ち	れ	か	い	ら	く	や	ひ	ま	い	ん	て	べ	い	く	こ	も
か	を	ち	な	な	ら	り	が	し	よ	の	し	ゆ	る	。	と	う
ら	て	い	ら	い	た	す	う	て	う	に	じ	や	ん	け	を	。
う	い	な	か	の	つ	ぎ	ど	せ	。	う	よ	し	を	ん	か	ん
ど	こ	け	わ	か	や	ち	ん	ら	じ	こ	て	え	が	ん	ん	ぼ
ん	う	ま	に	す	る	い	う	は	は	え	ら	い	こ	か	た	う
だ	り	。	う	よ	じ	い	あ	に	だ	。	や	ち	つ	に	ん	と
。	よ	く	と	い	い	ま	す	。	ら	か	。	す	ま	い	い	も

↓ゴール

Q かぜをひきそうだよ！クイズ

右の絵を見て、かぜをひきそうなところを見つけましょう。

Q わたしはだれでしょう？

①〜⑥の文を読んで、下のどの絵を説明しているか線でつなぎましょう。

①	②	③	④	⑤	⑥
ぼくは毛糸でできている物が多いよ。ぼくがいれば、ポケットに手を入れなくても温かいよ。	ぼくにはいろいろな形があるよ。背中や腰にはるとぽかぽかだよ。でも皮ふに直接つけるとやけどするよ。	ぼくがいれば、皮ふの温かい空気を逃がさないよ。ほかにも、汗や汚れを吸って、肌を健康に保っているよ。	わたしは毛糸やフリースでできていて、長さもいろいろ。首にくるくる巻くと、首も背中もほかほかだよ。	わたしを肌に直接着ると、スースーと風が抜けて、全然温かくないよ。下着やシャツの上に着てね。	わたしは教室の中では着ないの。寒い日に外に出るときは、わたしを着てね。外でも温かければ着なくて大丈夫。

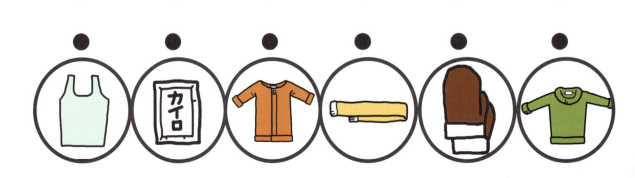

Q 冬を温かく過ごすめいろ

→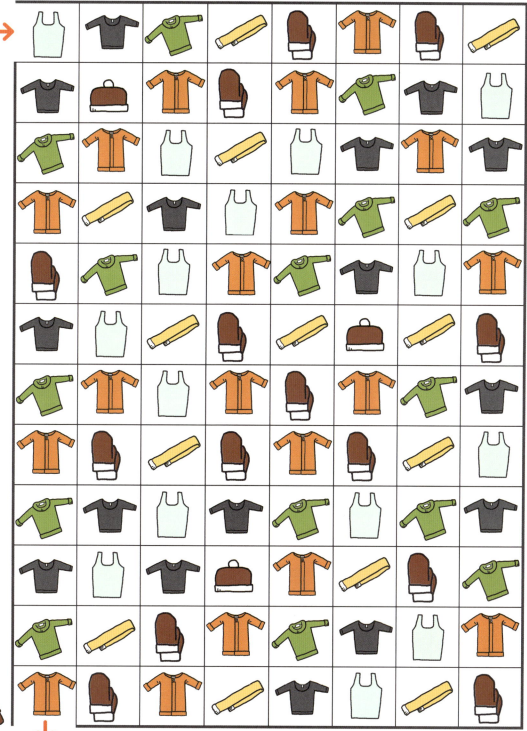の順番にたどりながら、ゴールを目指しましょう。斜めには進めません。同じところを2回通ることはできません。

スタート

ゴール

たばこクイズ

Q たばこの害 三択クイズ

たばこの煙は私たちの体にいろいろな害を及ぼします。たばこの害について、それぞれA～Cから正しいものを選びましょう。

問1

たばこの煙には、何種類くらいの化学物質が含まれているでしょうか？

A. 約40種類
B. 約400種類
C. 約4000種類

問2

たばこ1本に、がんの原因になるタールが15mg含まれています。1日に20本（1箱）の割合で約50年間吸うと、タールはどれくらいの量になるでしょうか？

A. コップに10杯
B. コップに25杯
C. コップに50杯

問3

たばこの火がついている方から出ている煙を「副流煙」といい、反対側の口から体の中に吸い込む煙を「主流煙」といいます。有害物質の量はどちらが多いでしょうか？

A. 副流煙
B. どちらも同じ量
C. 主流煙

問4

たばこを吸う人は、吸わない人と比べ、平均して寿命が短くなっています。たばこを1日20本吸う人では、1日当たりどれくらい寿命が短くなると思いますか？

A. 約10分
B. 約30分
C. 約2時間

Q クロスワードパズル（たばこ編）

下のカギを参考に、わくの中に文字（ひらがな）を入れて言葉を作りましょう。点線のわくの中の文字を並べて文章を完成させましょう。

①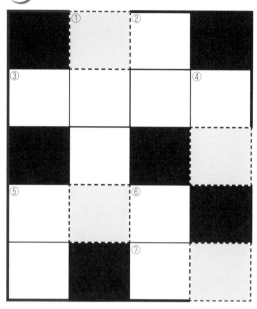

たてのカギ
① 赤い野菜。カロテンが多い。
② 歯医者さんは、○○医。
④ ○○ぶえ。○○びる。
⑤ 雲一つない青い空。天気のよいこと。
⑥ ○○変わり（思春期に起こる体の変化の一つ）

よこのカギ
① 東、○○、南、北。
③ 3辺の図形。△のこと。
⑤ 認め印。○○○を押す。
⑦ エコロジーの略。環境問題にやさしい。

○○○○には中毒・依存性がある

②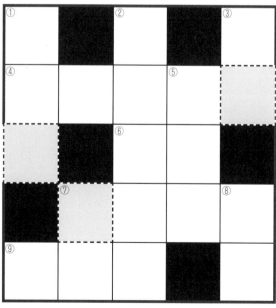

たてのカギ
① 英語で色のこと。ポスター○○○。
② 草や木の葉のような色。英語で「グリーン」。
③ はさみで紙を○○。
⑤ 地球上のすべての地域・国々。英語で「ワールド」。
⑦ ○○算、ひき算、かけ算、わり算。
⑧ 学級・クラスのこと。

よこのカギ
④ 小学生が背負うかばん。
⑥ 学校で生き物や電気などを勉強する科目。
⑦ じょうぶな体や運動能力を身につける科目。
⑨ 前の反対は○○○。

○○○には発がん性がある

③

○○○○○○○○には中毒性があり、血液の流れが悪くなる

たてのカギ
① 飼育小屋の動物にあげる食べ物。
② くぎなどを打つ道具。金づちのこと。
③ さかだちのこと。
④ 学校の出入り口。○○を開ける。
⑧ 歯をみがくときは、これを使ってよく見ながらていねいに。
⑨ 給食のあいさつは「○○だきます！」。
⑩ 勉強の大事なところ。○○基本。

よこのカギ
① 12種類あり、毎年変わる。今年の○○。
③ クラスの○○だち。
⑤ 1の3倍。英語で「スリー」。
⑥ めぐり合わせ。くじ引きで○○だめし。
⑦ クラスのそれぞれの仕事を受け持つ人。○○○を決める。
⑨ ○○○○○、2学期、3学期。

自分の健康を守るために、また家族の健康を守るために、「たばこの害」について考えてみよう！

エイズについてのクイズ

Q 暗号を解読しよう！

下のカードにたくさんのアルファベットが並んでいます。「HIV」となっている文字を塗りつぶしましょう。たて・よこ・ななめ、どちらにつなげてもよいです。塗りつぶすと出てくるカタカナを並べ替えて、下の○に当てはまる言葉を入れましょう。（HIVはエイズの原因となるウイルスのこと）

F	G	R	T	P	O	N	B	C	W	W	K	A	T	P
N	H	I	V	H	I	V	H	I	V	H	I	V	M	H
K	J	P	C	R	S	K	I	O	P	L	B	T	N	H
L	Z	S	A	Q	W	L	V	O	N	J	G	F	D	B
O	K	I	U	T	C	B	H	O	L	K	J	P	B	R
U	E	D	S	X	Z	P	I	U	O	K	Y	T	L	P
L	U	K	O	T	Y	O	V	L	U	T	R	W	C	Q
Y	H	I	V	H	I	V	H	I	V	H	I	V	G	H
T	J	R	T	T	D	N	B	C	W	G	K	A	X	N

U	Y	K	F	G	S	A	M	C	Y	B	Y	L	O	Q
F	H	I	V	H	I	V	H	I	V	N	H	M	H	P
Z	E	Y	U	T	P	L	C	H	F	R	I	N	I	F
T	J	B	F	E	W	O	I	B	J	K	V	C	V	W
Y	T	R	I	K	L	V	R	U	K	A	O	K	A	W
A	O	I	Y	O	H	K	H	O	K	A	Z	Y	H	J
R	O	H	I	I	R	P	O	I	M	I	Y	A	S	U
M	I	K	V	T	O	K	I	O	V	W	E	D	C	P
G	H	P	O	B	V	X	A	Z	P	L	H	K	J	T

G	F	O	P	Q	R	D	L	N	H	B	T	R	F	C
J	S	X	Q	Y	G	B	U	I	O	K	G	T	E	W
X	D	I	O	Y	Q	A	V	O	P	L	B	V	X	D
U	R	T	Y	C	P	H	H	P	Y	T	B	F	S	Z
H	T	O	P	M	I	S	I	C	X	D	O	H	A	R
J	Y	V	C	V	O	F	V	L	B	C	V	R	S	Z
J	V	G	R	S	Q	M	H	X	D	E	E	O	M	G
O	E	W	Q	X	Z	L	I	F	B	Z	U	P	U	I
K	J	B	G	T	C	X	V	P	O	L	N	K	Y	D

○○○はHIVに感染することで起こる病気です

66

Q エイズを知ろう！3択クイズ

問1〜問5それぞれについて、①〜③の中から正しいものを選びましょう。

問1：HIVが存在するところは、次のうちどこ？

 ①血液　②あせ　③なみだ

問2：一番感染力が弱いウイルスはどれ？

①ノロウイルス　②インフルエンザウイルス　③HIV

問3：世界エイズデーはいつ？

①12月1日　②12月25日　③1月1日

問4：エイズのシンボルマークはどれ？

①りんご　②レッドリボン　③赤い羽根

問5：HIVとエイズとは何がちがうの？

①どちらも同じ
②HIVはウイルスの名前で、エイズは病気の名前
③HIVは病気の名前で、エイズはウイルスの名前

花粉症クイズ

Q ストップ花粉！めいろ1

次のめいろを「マスク→めがね→掃除機→（最初のマスクに戻る→）」の順番に進みます。一度通った道は通れません。

スタート→ … →ゴール

Q ストップ花粉！めいろ2

めいろに書かれた文字をたどってお話を読んでいきましょう。花粉症を予防する言葉を探しながらゴールを目指しましょう。

スタート↓

べ	な	よ	が	ん	さ	あ	か	ら	す	な	ぜ	な
を	は	は	う	よ	し	ん	ふ	て	つ	か	の	く
し	な	み	ず	う	よ	し	で	か	ら	す	は
て	ず	る	を	か	け	る	と	の	す	う	や
て	る	つ	ら	で	り	ば	き	か	け	よ	ま
ぶ	れ	た	い	は	か	し	に	を	ん	き	に
く	く	い	で	に	す	な	か	ぎ	で	を	け
ろ	で	な	し	す	る	で	け	な	ら	ず	う	そ
あ	ん	で	よ	は	で	け	だ	く	す	ま	よ	い
と	お	る	う	だ	め	だ	れ	そ	と	か	す	ま
し	を	み	ね	ぶ	そ	あ	と	う	ろ	ら	か	え
う	ん	ふ	か	た	い	つ	に	く	ふ	ら	た	つ
が	い	て	あ	ら	い	し	つ	か	り	や	ろ	う

→ゴール

食べ物に関するクイズ

Q はしを使った言葉、どんな意味?

左側の言葉と右側の意味が合っているもの同士を線でつなぎましょう。

言葉

① はしに当たり棒に当たる ●

② はしが転んでもおかしい年頃 ●

③ はしにも棒にもかからない ●

④ はしより重い物を持ったことがない ●

⑤ はしの上げ下ろしにも小言を言う ●

意味

● A 手がつけられないこと。どうしようもないほど、ひどいこと。

● B 方々に見境なく当たり散らすこと。

● C 大切に育てられて、まったく仕事などをしたことがないこと。

● D 体のちょっとした動きや、ささいなことにまで、やかましく言うこと。

● E なんでもないこともおかしがって笑う年頃。若い女の人のこと。

Q はしのマナー、どれくらい知っている？

はしの使い方で、あまりよくないといわれているマナーを「嫌いばし」と言います。下は嫌いばしの例です。どんな名前の嫌いばしか、下のア〜オの中から選びましょう。

①はしについた食べ物をなめること

②器のふちに口をつけて、料理をかき込んで食べること

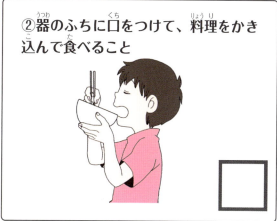

③食事中に、はしで人や物を指すこと

④はしとはしで料理をやりとりすること

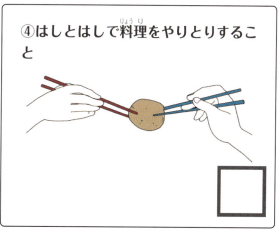

⑤はしで器を引き寄せたりすること

ア．かき込みばし
イ．指しばし
ウ．ねぶりばし
エ．寄せばし
オ．はし渡し

Q バランスよく食べよう

食べ物は、体をつくるもとになるもの（赤の食べもの）、エネルギーになるもの（黄色の食べもの）、体の調子を整えるもの（緑の食べもの）などがあります。ヒントを参考に、「赤→黄→緑→（赤に戻る）」の順に進んでゴールを目指しましょう。斜めには進めません。

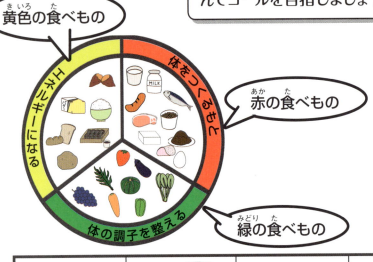

Q 食べ物の名前探し（初級・上級編）

それぞれ数字のついたヒントを参考にして、空らんにひらがなを入れましょう。

11月3日は「文化の日」

① 成長するにしたがって呼び名を変える出世魚。冬に水揚げされるものは「寒○○」と呼ばれておいしい。
② 春に菊に似た花を咲かせるのでこの名前がついた。鮮やかな緑色と独特の香りが持ち味の野菜。
③ 七草の「すずな」のこと。丸い形をしていて、煮るとすぐ軟らかくなる。

11月8日は「いい歯の日」

① シイの木などに自生するきのこ。悪玉コレステロールを減らす成分が豊富。
② 焼きいもやスイートポテトといえばこれ！
③ 鍋料理の名脇役といえばこの淡色野菜。漬物やキムチにも使う。

11月10日は「トイレの日」

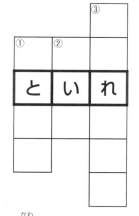

① 皮はざらざらだけど中身は、ねっとりした食感のいも。独特のぬめりは食物繊維で胃を守る。
② たんぱく質が豊富で「畑の肉」と呼ばれる豆。きな粉や豆腐の材料にもなる。
③ ごまあえ、おひたしなどにおいしい緑の濃い野菜。シュウ酸が含まれるので、ゆでこぼしてから食べる。

11月23日は「勤労感謝の日」

① 秋を代表する花。食用としても栽培・販売される。
② 輪切りにすると穴がいくつも開いている野菜。「はす」ともいう。
③ 黒い豆。産地は「丹波」が有名。黒い皮には抗酸化作用がある。
④ シャキシャキと香りが特徴。きんぴらといえばこれ。食物繊維が豊富。
⑤ キャベツの変種で花キャベツともいう。
⑥ ヒラタケ科のきのこ。フランス料理やイタリア料理では定番の材料。こりこりした弾力のある歯ごたえがある。
⑦ 「香りマツタケ、味○○○」といわれるきのこ。グルタミン酸などのうま味成分が豊富。
⑧ 円筒形のナガイモ、球形のヤマトイモ、イチョウの葉形のイチョウイモをまとめてこういう。

Q わたしはだれでしょう?

下は食べ物のなぞなぞです。絵をヒントに考えましょう。

① りんりんと鈴を5回鳴らすくだものなんだ？

② 「ないよ」っと答えるくだものなんだ？

③ 漢字を3つにこわすと「八十八」という言葉になる食べものなんだ？

④ 9回見てから飲む物なんだ？

⑤ パンはパンでも耳のあるパンは？

Q 大豆クイズ

大豆からいろいろな食品が作られます。何が作られるでしょうか。①〜⑰にA〜Qの食品を当てはめましょう。

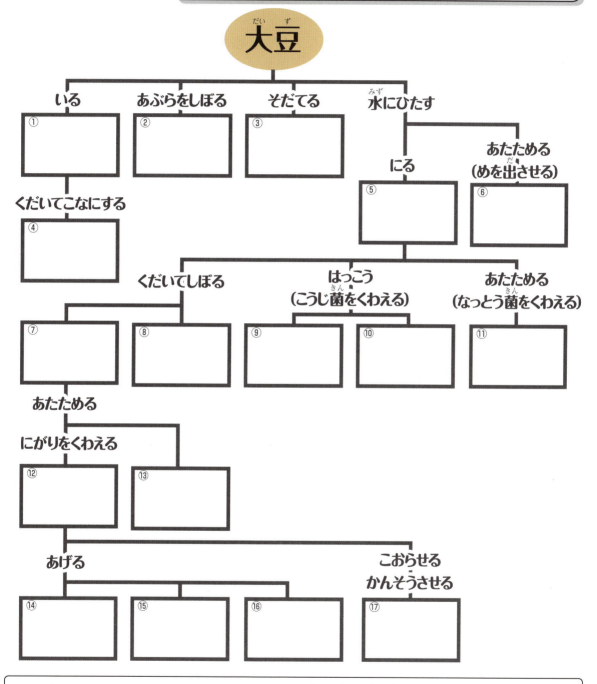

A：きなこ
B：みそ
C：もやし
D：こおりどうふ（こうやどうふ）
E：いりまめ
F：あつあげ（なまあげ）
G：おから
H：しょうゆ
I：なっとう
J：とうにゅう
K：がんもどき
L：ゆば
M：大豆あぶら
N：あぶらあげ（うすあげ）
O：とうふ
P：にまめ
Q：えだまめ

生活に関するクイズ

Q 生活リズムの木

生活リズムを守ることは、成長期の皆さんにとってとても大切です。生活リズムの木になっている言葉を集めて、生活リズムの基本の合言葉を完成させましょう。

できていますか？ ○○○、○○○○、○○○○○

Q かぜ予防の木

かぜ予防の木になっている言葉を集めて、かぜ予防のポイントとなる言葉を7個作りましょう。

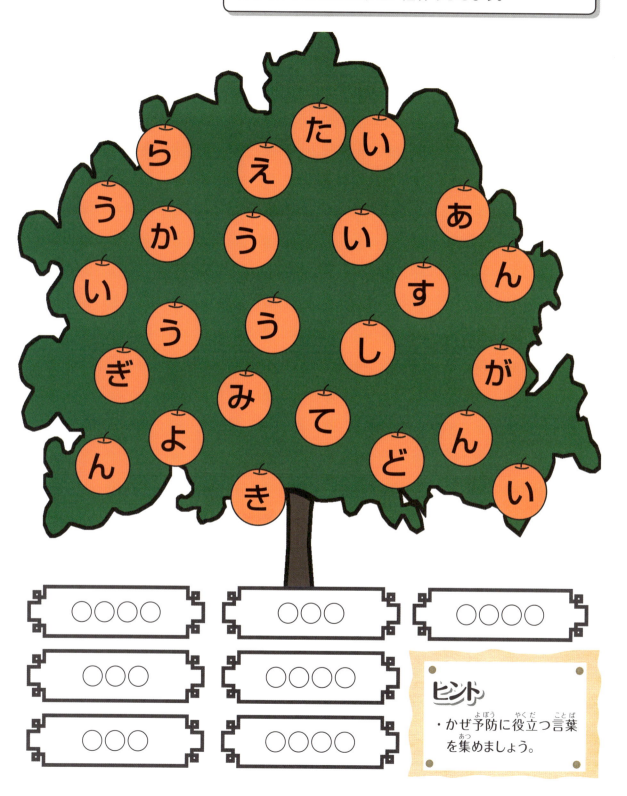

ヒント
・かぜ予防に役立つ言葉を集めましょう。

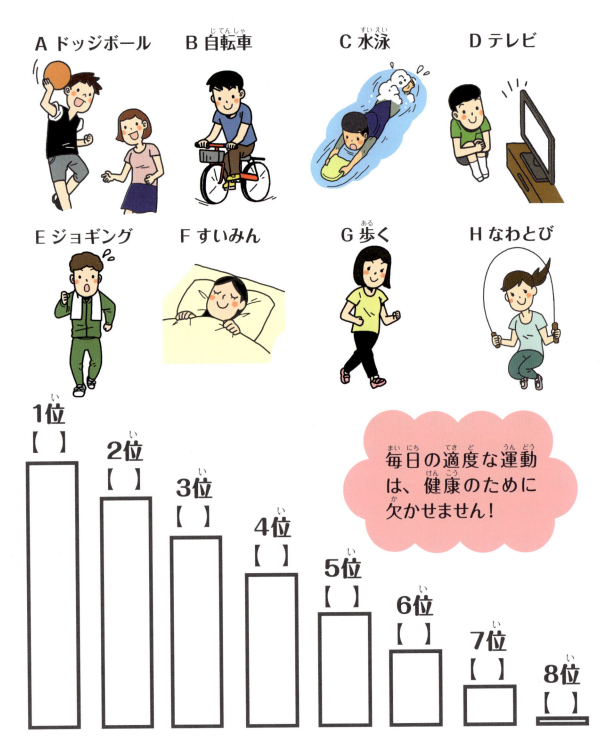

Q 高カロリーランキング

次のおやつの中で、カロリーが高いと思う順にランキングをつけましょう。

A ポテトチップス
(塩味60グラム)

B あんだんご
(1本)

C みかん
(大1個)

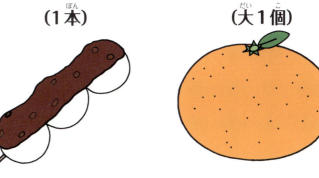

D バナナ
(1本)

E チョコレート
(板チョコ1枚)

F ショートケーキ
(1個)

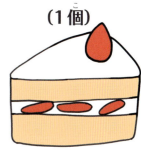

1位【　】
2位【　】
3位【　】
4位【　】
5位【　】
6位【　】

おやつの成分やカロリーを調べて、自分の健康を考えよう!

Q 今日は何の日？クイズ

「○○の日」のように、健康に関するいろいろな記念日があります。①～⑨とA～Iを組み合わせて線でつなぎましょう。

① 3月3日 ●　　　　● A. 鼻の日

② 5月31日 ●　　　　● B. 世界エイズデー

③ 6月4日 ●　　　　● C. 耳の日

④ 8月7日 ●　　　　● D. 歯と口の健康週間

⑤ 9月9日 ●　　　　● E. いい歯の日

⑥ 10月10日 ●　　　　● F. 皮ふの日

⑦ 11月8日 ●　　　　● G. 世界禁煙デー

⑧ 11月12日 ●　　　　● H. 目の愛護デー

⑨ 12月1日 ●　　　　● I. 救急の日

「ことば」に関するクイズ

Q あたたかい言葉探し

下のAには、あたたかい言葉が書かれています。BはAを写したものといいますが、どこかAと違うようです。何カ所違うでしょうか？

A

♥	ありがとう	♥	がんばってるね	すてきだね
がんばってるね	すてきだね	さすがだね	ありがとう	♥
だいじょうぶ？	ありがとう	すてきだね	だいじょうぶ？	すてきだね
すてきだね	さすがだね	がんばってるね	♥	ありがとう
ありがとう	♥	さすがだね	ありがとう	すてきだね

登場した「あたたかい言葉」を書き出そう！

-
-
-
-
-

B

♥	ありがとう	♥	がんばってるね	すてきだね
がんばってるね	だいじょうぶ？	がんばってるね	ありがとう	♥
だいじょうぶ？	ありがとう	すてきだね	だいじょうぶ？	すてきだね
すてきだね	さすがだね	がんばってるね	♥	ありがとう
ありがとう	♥	さすがだね	すてきだね	ありがとう

_____ カ所違う

Q あいさつことばを考えよう

あなたはどんなあいさつことばを使っていますか？□の中にひらがなを入れて、「あいさつことば」を完成させましょう。

① 「ご」からはじまるあいさつことば

| ご | | | | | |

ヒント
（よこ）食事が終わったときには、このひと言が大切です。
（たて）謝るときに使います。心をこめて言いましょう。

② 「い」からはじまるあいさつことば

| い | | | | | | |

ヒント
（よこ）お客さまがいらしたときに使います。
（たて）食事を食べるときに、感謝の気持ちをこめて言いましょう。

③ 「あ」と「さ」からはじまるあいさつことば

| さ |

| あ | | | | |

ヒント
（よこ）親切にしてもらったり、助けてもらったときに使います。
（たて）お別れのときに使います。

④「お」からはじまるあいさつことば

ヒント
（よこ）朝のごあいさつ。
（たて）寝るときのあいさつことば。

⑤「お」からはじまるあいさつことば

ヒント
（よこ）よその家に入るときに使います。
（たて）お祝いするときに使います。

⑥「こ」からはじまるあいさつことば

ヒント
（よこ）昼間、人と会ったときに使います。
（たて）夕方から夜、人と会ったときに使います。

毎日のあいさつ、できているかな？

Q あたたかい言葉探しクイズ

下のわくの中から、あたたかい言葉を探しましょう。たてとよこにいくつ隠れているでしょう？

あ	り	が	と	う	す	て	き	だ	ね
り	お	は	よ	う	て	お	れ	い	ま
が	か	じ	ろ	れ	き	は	い	す	よ
と	え	め	し	し	だ	よ	だ	き	ろ
う	り	ま	く	い	ね	う	ね	れ	し
た	の	し	い	ね	ん	め	ご	い	く
の	か	て	ご	め	ん	ね	め	だ	ね
し	ん	せ	つ	だ	ね	こ	ん	ね	い
い	い	か	ん	じ	だ	ね	ね	い	い
ね	が	ん	ば	っ	て	ね	い	い	ね

_____ 個

Q ふわふわことばめいろ①

スタートからゴールまで、たてかよこに進みます。ななめには進めません。同じところは一度しか通れません。マークが同じ、または「あそぼう」「うれしいな」「いっしょにかえろう」「がんばったね」のふわふわことばが同じなら進めます。

Q ふわふわことば めいろ②

スタートからゴールまで、たてかよこに進みます。ななめには進めません。同じところは一度しか通れません。マークが同じ、または「ありがとう」「おはよう」「だいじょうぶ？」「こんにちは」のふわふわことばが同じなら進めます。

スタート ↓

ありがとう	ありがとう	こんにちは	おはよう	こんにちは	だいじょうぶ？	ありがとう	おはよう	おはよう
こんにちは	だいじょうぶ？	ありがとう	おはよう	ありがとう	だいじょうぶ？	こんにちは	こんにちは	ありがとう
ありがとう	だいじょうぶ？	ありがとう	こんにちは	こんにちは	ありがとう	ありがとう	だいじょうぶ？	ありがとう
おはよう	こんにちは	おはよう	ありがとう	おはよう	おはよう	おはよう	だいじょうぶ？	こんにちは
こんにちは	こんにちは	おはよう	だいじょうぶ？	おはよう	だいじょうぶ？	だいじょうぶ？	ありがとう	こんにちは
おはよう	だいじょうぶ？	ありがとう	だいじょうぶ？	ありがとう	おはよう	おはよう	ありがとう	おはよう
おはよう	だいじょうぶ？	ありがとう	おはよう	こんにちは	こんにちは	だいじょうぶ？	だいじょうぶ？	おはよう
ありがとう	こんにちは	こんにちは	ありがとう	だいじょうぶ？	だいじょうぶ？	おはよう	こんにちは	ありがとう
おはよう	だいじょうぶ？	だいじょうぶ？	こんにちは	ありがとう	だいじょうぶ？	こんにちは	こんにちは	ありがとう

ゴール ↓

クイズ1：めいろ①のスタートからゴールまで、ふわふわことばを何回言ったでしょう？　【こたえ　　　回】

クイズ2：めいろ②のスタートからゴールまで、ハートのありがとうをいくつ通ったでしょう？　【こたえ　　　個】

パワーポイント教材
P4

Q わたしはだれでしょう？クイズ

問題：みんな、わたしをじっと見つめます。わたしの体には、黒い輪のような模様があらわれます。

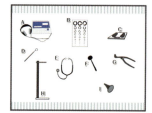

こたえは…
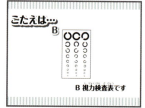
B 視力検査表です

問題：みんな、わたしに背を向けます。だれもが気をつけの姿勢で立ってくれます。

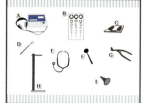

こたえは…

H 身長計です

問題：わたしは大きな音は嫌いです。わたしの仕事は、みんなの体の中の音を聞き取ることです。

こたえは…
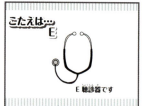
E 聴診器です

問題：わたしが出す音を、みんな注意深く聞いてくれます。ヘッドホンが付いていますが、音楽は流しません。

こたえは…

A オージオメーターです

問題：みんなの口の中に入りますが、食べられません。わたしの仕事は歯の裏側をしっかり見ることです。

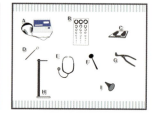

こたえは…
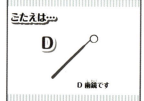
D 歯鏡です

問題：わたしの色は真っ黒です。みんなの目を片方ずつ隠します。

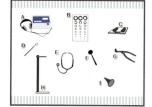

こたえは…

F 遮眼子です

問題：わたしには大きい穴と小さい穴があいています。三角帽子のものやラッパの形の仲間がいます。

こたえは…

I 耳鏡です

問題：わたしは、はさみに似ていますが、何も切ることはできません。鼻の中を見るのが仕事です。

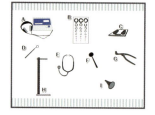

こたえは…
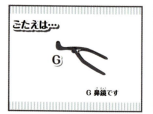
G 鼻鏡です

問題：わたしの上に、みんなが立ちます。静かに乗ってくれないとちゃんと仕事ができません。

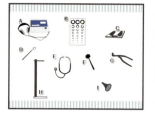

こたえは…

C 体重計です

P9

Q 目に関係ある道具クイズ

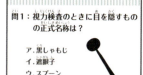

問1：視力検査のときに目を隠すものの正式名称は？
ア．黒しゃもじ
イ．遮眼子
ウ．スプーン

こたえは…
イ．遮眼子

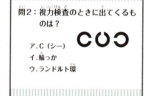

問2：視力検査のときに出てくるものは？
ア．C（シー）
イ．輪っか
ウ．ランドルト環

こたえは…
ウ．ランドルト環

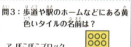

問3：歩道や駅のホームなどにある黄色いタイルの名前は？
ア．ぼこぼこブロック
イ．点字ブロック
ウ．レゴブロック

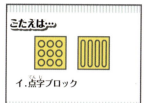

こたえは…
イ．点字ブロック

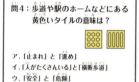

問4：歩道や駅のホームなどにある黄色いタイルの意味は？
ア．「止まれ」と「進め」
イ．「人がたくさんいる」と「横断歩道」
ウ．「安全」と「危険」

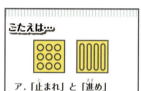

こたえは…
ア．「止まれ」と「進め」

P4、P9のパワーポイントは、健康診断の事前指導におすすめです。プリントアウトして、掲示物としても使えます！また、P9は目の愛護デーの指導としても使えるので、パワーポイントでクイズを楽しみながら、視覚障がい者への理解や支援する心も育てたいですね。

P21

Q ひみこのはがい〜ぜ！

よくかむと体にいいことの頭文字を取って、「ひみこのはがい〜ぜ」と表現しています。それぞれどんな意味か考えましょう。

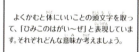

ひ
脳が満腹を感じるよ！

こたえは…
肥満を予防

み
だ液がたくさん出るよ！

こたえは…
味覚の発達

こ
口の周りの筋肉が発達！

こたえは…
言葉の発音がはっきりする

の
脳に刺激がいくよ！

こたえは…
脳が発達

は
もちろん、ここにも有効！

こたえは…
歯の病気を防ぐ

が
いま、日本人の3人に2人がかかる病気です。

こたえは…
がんを予防

い
消化を助けるのでここが元気に！

こたえは…
胃腸が元気になる

「ひみこのはがいーぜ」は、かむ効果について学校食事研究会がわかりやすく作った標語です。「ひ」はどんな効果があるかな？と考えさせると効果的です！

P22

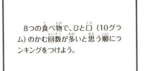

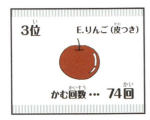

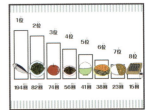

かみかみランキングのかむ回数は、「料理別咀嚼回数ガイド（風人社）」を参考に作成しました。プリントアウトして、掲示物としても使えます！

P26-27

 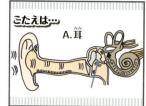 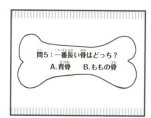 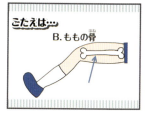

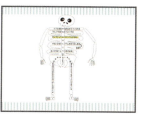  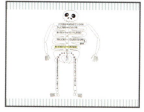 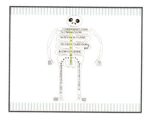
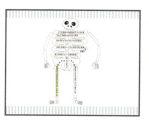 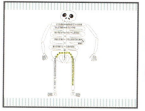

前半のクイズの解説は、P92-93のこたえを参考にしてください。後半の骨めいろクイズは、出てきた文字を子どもに大きな声で読ませると効果的です。

  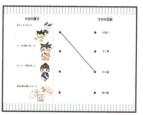 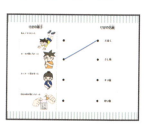
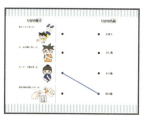 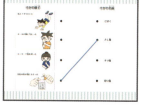

P38と39のパワーポイントは、線が1本ずつ出るようになっています。子どもたちの反応を見ながらクリックして、けがの名前を正しく覚える機会にしてください。

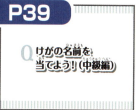  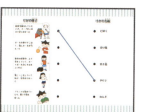 

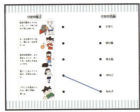

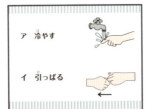

P54

P76

  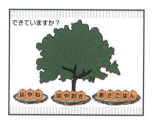

P77

   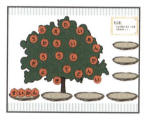

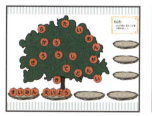  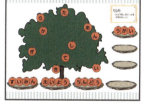 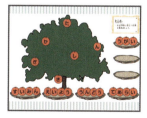

P76とP77は、クリックする前に、りんごの最初の文字を伝えてから探すようにすると楽しく使えます。必要に応じて、りんごやかごの数を減らしてもよいですね。

P4
問1：B 問2：H 問3：E 問4：A 問5：D 問6：F 問7：C 問8：G 問9：I

P5
A：4個　　　　　　B：6個

P6
足りない道具は、歯鏡が2本、鼻鏡が1本

P7
①CやEが後ろを向いている、DがCにちょっかいを出しているなど　②CとDがけんかになる、騒いで検診のじゃまになるなど　③校医さんの診断の声が聞こえなくなるから、内科の心臓・呼吸の音、聴力検査の音などが聞こえなくなるからなど

P8
問1：①　問2：②　問3：②　問4：③

P9
問1：イ（遮眼子（しゃがんし）といいます）問2：ウ　問3：イ　問4：ア

P10
こたえ：Ⓐ

P11
りんごもバウムクーヘンもAとBの大きさは同じ

P12
1：イ　2：エ　3：オ　4：ア　5：ウ

P13
ア：D　イ：C　ウ：E　エ：B　オ：F　カ：A

P14
問1：A（音が水の中を伝わる速さは、空気中の4倍といわれています）問2：B（体が回転するとき、耳の中の液体も回転します。体が回転をやめても耳の中の液体は回転し続けるので、脳は体の回転が続いていると考えるのです）問3：A（顔の横にある、目に見えている耳の部分を耳介といい、音を集める役割をしています。耳の後ろに手を当てると、耳介のように音を集めるので、音がよく聞こえます）問4：B（声を出したときには、口から出た空気の振動と頭の骨の振動も耳に伝わるので、自分の声は高く感じます。録音した自分の声は、空気の振動だけが耳に伝わるので、いつもの自分の声よりも低く感じます）

P15
問1：イ（耳のはたらきは、「音を聞く」「体の傾きを感じ、バランスを保つ」です）問2：ア（イは耳の奥にある蝸牛という器官のはたらきです）問3：ア（日本人では、約16％がイのタイプです）問4：イ（鼓膜はうすい膜で、振動することで音が伝わります）

P16
問1：ウソ 問2：ホント 問3：ホント 問4：ホント 問5：ホント 問6：ホント 問7：ホント 問8：ホント 問9：ウソ

P17
1：ウ　2：ア　3：エ　4：オ　5：イ

P18
こたえ：5本

P19
Aさん：歯を鏡に映してしっかりみがこう　Bさん：歯みがき剤が多すぎるとみがき残しが多くなります。歯みがき剤のつけすぎに注意しよう　Cさん：歯ブラシの毛先が開いているときちんとみがけません。歯ブラシを取り替えよう　Dさん：力を入れすぎると、しっかりみがけないだけでなく、歯ぐきを傷つけてしまうことがあります。歯の形に合わせて1本1本ていねいにみがこう

P20
まめの煮物、ほうれん草のごまあえ、わかめといりこのみそ汁、にんじんスティック、焼き魚、しいたけ、焼き芋（歯にいい食べものは「まごわやさしい」で覚えましょう。まめ、ごま、わかめ、やさい、さかな、しいたけ、いも）

P21
ひ：肥満を予防する　み：味覚の発達　こ：言葉の発音がはっきりする　の：脳が発達する　は：歯の病気を防ぐ　が：がんを予防する　い：胃腸が元気になる　ぜ：全身の健康状態が良くなる

P22
1位：F　2位：H　3位：E　4位：C　5位：A　6位：D　7位：B　8位：G（※料理咀嚼回数ガイド（風人社）より）

P23
問1：ア（65回）→ウ（41回）→イ（15回）問2：イ（60回）→ア（36回）→ウ（20回）問3：ウ（75回）→イ（56回）→ア（39回）問4：イ（40回）→ウ（12回）→ア（7回）

P24
1：B　2：D　3：A　4：E　5：C

P25
こたえ：牛乳、ほうれん草、チーズ、うなぎ、を通る

P26
問1：B（生まれたばかりの赤ちゃんには約350個の骨があり、その後約20年間、骨は成長を続けます。大人になると骨の数は206個になります）問2：A（背骨の骨と骨は、伸びたり縮んだりするスポンジのようなやわらかい軟骨でつながっています。だから体を前後左右に曲げることができる

92

のです。1日の終わりには、この軟骨がつぶれてきてしまうので、朝より夕方の方が背が縮みます。寝ている間に軟骨はもとどおりに回復します） 問3：B（歯のエナメル質は、全身の骨の中で一番かたいです） 問4：A（耳小骨は耳の中でつながって音を伝える骨です） 問5：B（背骨はいくつもの骨が軟骨でつながっています）

P27
血液は骨の中でつくられる　運動は骨を強くする　牛乳はカルシウムが多い　野菜にもカルシウムがたくさんあるものがある　毎日食べよう小魚類　背骨は体を支える柱の役目　背骨は小さな骨がたくさんつながってできている　骨はカルシウムの貯蔵庫

P28
問1：①（朝採って、その日に調べます） 問2：②（腎臓で血液から作ります） 問3：①（たんぱく、糖、血液のあるなしでわかります） 問4：①（ぼうこうや腎臓によくありません） 問5：①（おしっこもうんちもします）

P29
問1：①（残り5％は体の中でいらなくなったものです） 問2：②（腹の後ろ背骨の両側にあります） 問3：①（大人で130グラムくらいです） 問4：②そら豆の形で大きさはにぎりこぶしくらいです） 問5：①（体中をかけめぐりよごれた血液をきれいにします） 問6：①（とる水分の量によっても違いますが、約1.5リットルです） 問7：②（汗をかくとおしっこの量が少なくなり、こい黄色になります） 問8：①（多くの人は薄い黄色になります） 問9：①（食べたものの色が、そのままおしっこの色にはなりません） 問10：②（同じ水分をとったとしたら、夏は汗をかくのでおしっこの量は減ります）

P30
え→い→う→お→あ

P31
保健室にくるときは担任の先生にことわってからきます。手当てを受けるところなのでほかの人の迷惑にならないように静かにしましょう

P32
問1：ほうたい 問2：たいおんけい 問3：ベッド 問4：こっぷ 問5：たんか 問6：たいじゅうけい 問7：ソファベッド 問8：れいぞうこ

P33
①：エ ②：キ ③：ウ ④：オ ⑤：ア ⑥：カ ⑦：イ ⑧：サ ⑨：セ ⑩：ケ ⑪：ク ⑫：ス ⑬：シ ⑭：タ ⑮：コ ⑯：ソ

P34
初級：目、足、ひげ、しり、頭、まつげ　中級：くるぶし、ひざ、ひじ、背中、手、髪、首、肩、みみたぶ　上級：つちふまず、ふくらはぎ、まぶた、はな、腹、べろ、かかと、右目（目）、肩、つめ、ろっ骨、胃袋（胃）、髪　超級：脳、まゆ、つめ、目、手のひら（手）、毛穴（毛）、腹、髪の毛（髪）、のど、ひとみ、目頭、あごひげ（あご、ひげ）、足の裏（足）、まつげ

P35
1：C 2：B 3：E 4：A 5：D 6：I 7：H 8：J 9：F 10：G 11：K

P36
問1：②（1612年（1609年の説もあり）イタリアのサントリオさんが作ったといわれています） 問2：③

P37
問1：②（うさぎ38～40度、いぬ37.5～39度、ねこ38～39度） 問2：②（お年寄りは一般的に体温が低めになります） 問3：①（あくしゅ型だと、わきの下の一番体温の高いところに体温計が当たります）

P38、39

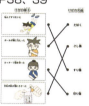
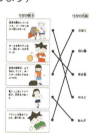

P40、41
①：ア ②：イ ③：ア ④：イ ⑤：ア ⑥：ア ⑦：イ

P42、43

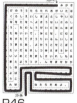
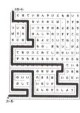

P44、45

P46
こたえ：オ→イ→ウ→ア→エ

P47
A：② B：④ C：① D：③

P48
こたえ：4カ所

P49
①：B ②：A ③：A ④：B ⑤：A

P50
①：ち ②：う ③：つ ④：ね ⑤：ゅ 「夏は、ねっちゅうしょうに気をつけよう！」

P51
問1：ホント（室内や車の中でも熱中症になります） 問2：ホント 問3：ウソ（太っている人の方が熱中症になりやす

いです）問4：ホント　問5：ウソ（スポーツドリンクは運動中の熱中症予防には効果的ですが、砂糖が多く入っているので飲みすぎはよくありません）問6：ホント　問7：ホント　問8：ホント　問9：ホント　問10：ウソ（なすやきゅうりは体を冷やすはたらきがあります）

P52

P53

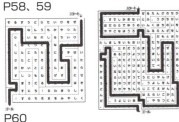

P54

A：①②③（湿度があり、よく換気されているところでは、ウイルスが増えにくくなります）　B：②③④（夜ふかしをしていると抵抗力がなくなり、かぜやインフルエンザにかかりやすくなります）　C：①②③（ビタミンA、Cはかぜの予防によいです。ポテトチップスの原料はじゃがいもですが、油で揚げているので消化によくありません）

P55

1「やさいをたくさん食べよう！」　2①：ゲ　②：ん　③：き　④：す　⑤：ご　⑥：そ　⑦：う「かぜ予防をして、げんきにすごそう！」

P56、57

P58、59

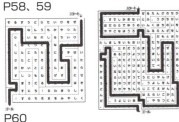

P60

かぜをひきそうだよ！クイズのこたえ：髪の毛を乾かしていない、12時過ぎまで起きている、お風呂上がりで湯冷めしてしまう、はだしだと冷える、パジャマだけだと寒い、カーテンが開いているからそこから冷える

わたしはだれでしょう？のこたえ：

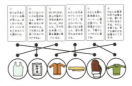

P61

P62

問1：C（約4000種類の化学物質のうち、有害物質は200〜300種類含まれています。その中でもとくに有害なのはタール（がんの原因になる）、ニコチン（血管を収縮させる）、一酸化炭素（酸素欠乏症を引き起こす）などです）　問2：C（1年でコップ1杯なので、50年で50杯にもなります。このタールが全部肺にたまるわけではありませんが、長年たばこを吸っていると肺は真っ黒になります）　問3：A（副流煙の方が主流煙より、タールは3.4倍、ニコチンは2.8倍、一酸化炭素は4.7倍多く含まれています）　問4：C（たばこ1本あたり5分30秒の割合で寿命が短くなるといわれています。1日20本たばこを吸う人は、1日約2時間寿命が短くなるわけです）

P63

こたえ：C（Bのとなりのとなりはり、BもDもたばこは嫌いだと言っているので吸わない、Cのとなりのとなりは AとEだが、Aは最初から吸わないと言っているので禁煙しているのはE）

P64、65

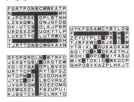

P66

P67

問1：①　問2：③　問3：①　問4：②　問5：②

P68、69

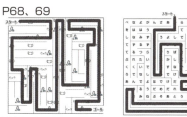

P70
①：B ②：E ③：A ④：C ⑤：D

P71
①：ウ ②：ア ③：イ ④：オ ⑤：エ

P72

P73

P74
①：りんご ②：なし ③：米 ④：ミルク ⑤：食パン

P75
①：E ②：M ③：Q ④：A ⑤：P ⑥：C ⑦：J ⑧：G ⑨と⑩：B、H ⑪：I ⑫：O ⑬：L ⑭と⑮と⑯：F、K、N ⑰：D

P76
こたえ：できていますか？はやね、はやおき、あさごはん

P77
こたえ：てあらい、うがい、すいみん、かんき、うんどう、うすぎ、えいよう

P78
1位：Hなわとび（147キロカロリー） 2位：Eジョギング（117キロカロリー） 3位：C水泳（100キロカロリー） 4位：Aドッジボール（97キロカロリー） 5位：B自転車（67キロカロリー） 6位：G歩く（50キロカロリー） 7位：Dテレビ（22キロカロリー） 8位：Fすいみん（17キロカロリー）
（※上記は「改訂版「身体活動のメッツ（Mets）表」（2012年 国立健康・栄養研究所）」の数値を参考に、体重50キロの大人が20分運動したときの消費エネルギーを計算したものです（小数点以下四捨五入））

P79
1位：Aポテトチップス（332キロカロリー） 2位：Eチョコレート（324キロカロリー） 3位：Fショートケーキ（251キロカロリー） 4位：Bあんだんご（132キロカロリー） 5位：Dバナナ（87キロカロリー） 6位：Cみかん（44キロカロリー）
（※「新毎日の食事カロリーブック」女子栄養大学出版部より）

P80
①：C ②：G ③：D ④：A ⑤：I ⑥：H ⑦：E ⑧：F ⑨：B

P81
こたえ：4カ所違う （登場した「あたたかい言葉」を書き出そう！：ありがとう すてきだね がんばってるね さすがだね だいじょうぶ？）

P82

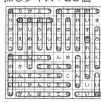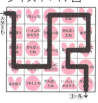

P83

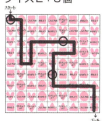

P84
探しクイズ：23個　クイズ1：17回

P85
クイズ2：3個

スーパー資料ブック　クイズで健康教育

2018年10月31日　第1刷発行
2022年12月31日　第2刷発行

著　者　小学校養護教諭自主研究グループ　うめちゃん's
イラスト　うめちゃん's／萩原まお／にしかたひろこ
発行者　細井裕美
発行所　株式会社 健学社
〒102-0071　東京都千代田区富士見 1-5-8 大新京ビル
TEL：03（3222）0557（代表）
FAX：03（3262）2615
URL：http://www.kengaku.com

印刷・製本　シナノ印刷株式会社
CD-ROM 製作補助／齊藤千香子 髙根澤ルリ
2022　Printed in Japan

©UMECYAN's, MAO Hagiwara, HIROKO Nishikata, KENGAKUSYA
落丁・乱丁本は送料小社負担にてお取り替えいたします。

ISBN 978-4-7797-0477-2　C3037　NDC376　96P　257×182mm